U0458435

国家社会科学基金项目资助（项目批准：15BFX130）

# 环境税功能异化与
# 中国环境保护税立法研究

付慧姝 ■ 著

上海三联书店

# 目　录

# 导　论

---

## 一、研究背景

地球只有一个，它是我们赖以共生的唯一场所。工业化的进程使我们享受到了极大的物质繁荣，现实性的环境污染和破坏却也引发了一系列不利后果。这引起了人们对环境的警觉，对于环境的保护意识开始萌生。长期以来人们肆意排放污染物、破坏生态，而所付出的成本却极其微小，但是带来的后果却要全体社会成员共同承担。两次工业革命，给人类社会带来了跨越式的发展，人类逐渐在发展中受益，过上了富足的生活。但不计后果发展的恶果就是环境问题日益凸显。二十世纪以来，多场环境污染引发的重大灾难引起了人们的警觉。如伦敦烟雾事件，1952 年突发的一场浓雾使得许多人突患呼吸系统疾病，因此而死亡的人数多达 4000 人，最后证实这场灾难是由工厂和居民燃煤取暖无节制排出的废气难以散去而引起的"毒雾"。又如1956 年日本水俣病事件，就是工厂把没有经过任何处理的废水排放到水俣湾中导致水俣湾居民共计 50 余人死亡,283 人严重受害而致残。以"八大公害事件"为首的惨痛教训让人类在工业化革命的陶醉中惊醒,"先污染再治理"的昂贵代价不得不使我们开始认真地面对环境问题。二十世纪以来,人们面临的环境问题变得更加复杂和严峻。由于世纪初人口爆炸式增长和人类生产、活动规模越来越大,向大自然排放的气体、液体、固体成分也变得更加复杂。诸如 PM 2.5 排放引发的新型雾霾、海洋污染、温室效应、核污染等一系列新型环境污染问题也摆在人们眼前,成为人类健康持续发展、延续子孙后代的"达摩克利斯之剑"。

在解决环境问题的诸多对策中,作为基于市场的环境经济政策手段——环境税收制度引起了学界和各国政府的共同关注。西方国家对环境税收制度的研究和实践都比较早。福利经济学学者马歇尔于 1890 年在其代表作《经济学原理》(1890 年)中首提"外部经济"。"外部经济"即经济主体在从事生产活动时其行为对其他主体和社会带来的影响。"搭便车"现象(即正向影响的受益者无需付费)即为外部经济的现象之一。马歇尔进一步提出,外部经济亦会导致具有外部经济的物品供应不足,因而需要公共介入。英国经济学家庇古对该理论进行丰富与发展,在其《福利经济学》(1920 年)中构筑了"外部不经济性内部化"。庇古认为,生产活动对其他主体和社会的影响还有可能是负向的,最强烈的感受就是环境污染。而污染者却不需要为此埋单,这违反了经济的公正性。因此应把污染所带来的损失化为污染者的内部成本,由污染者自己承担。而最好的方式就是对该部分征税。庇古主张对"外部不经济"征收税负的做法,又被时人叫"庇古税"。此后,西方学界纷纷踏入环境保护税领域,特别是经过葛普、科斯、戈登等一大批卓越的经济学家的参与，环境保护税理论日趋丰满。把环境税作为一种杠杆工具，将效应传递到生态、经济、社会层面，以实现发展中的"双重红利"已成为学界的共识。西方发达国家开始把其列为政府宏观调控的手段之一。以荷兰为首，率先于1969年征收相关的环保税款，为污染治理提供资金来源。美国虽然在欧洲之后才开始征收环境保护税，但却是制度最完备的国家。在历经了洛杉矶光化学烟雾事件等一系列污染灾害后，美国决心对环境污染进行系统治理。二十世纪七十年代，美国开始推行绿色税制，迄今为止其已构建了汽车相关税、环境污染税、资源开采税、超级基金税等四大环境税收体系，并确定了近三十类环保税种，与此同时还配套了一系列的税收优惠政策。美国的环境保护税收体系取得了显著的效果，美国大气环境中二氧化硫浓度降低了53％，一氧化碳浓度降低了58％，二氧化氮浓度降低了25％，直径为10微米的颗粒物也降低了25％，这都归功于环境税的征收。日本同样如此，二战后工业进程的加快也使得日本备受环境污染问题的困扰，以水俣病为首的多起环境灾难事件，都给日本的环境敲响了警钟，促使日本政府采取相关措施进行环境保护和污染治理，其中环境保护税的征收逐渐成为日本进行环境保护和治理的重要手段。日本加快环境保护税制度的法制化进程，辅以完善配套措施，使得日本的环境保护和治理卓有成效，令世人称道。经过三十年的发展，发达国家已经在环保税征管方面进行了详尽的法律覆盖和规则示范，上述惨痛的教训和宝贵的经验，都值得我们去深思和学习。

　　不同于发达国家六十年代末期就开始的环保税征管，我国对环境税的主要研究和关注是从二十世纪末开始的。建国初期,由于国家一穷二白,着力解决人民生产生活问题,把保障人民最基本的生存权利放在首位,以经济建设为中心,特别是优先发展污染较重的重工业,并没有把环境保护放在相关日程上。随后,随着中国综合国力的日益提高,特别是 40 多年改革开放和社会主义现代化建设都取得了举世瞩目的成就,在为这些伟大成就赞叹不已的同时,我们也逐步认识到经济的高速发展、城镇化的推进带来了日益严重的环境污染和生态破坏问题,尤其是大气污染、水污染问题非常突出,这引起了各界的普遍关注与担忧。2012 年引起广泛关注的华北雾霾,其持续时间之久,扩散范围之广,社会影响之大,使得口罩成了当时的脱销品,人们纷纷戴上口罩,各地也开始限产限行,但治标不治本。从根本上来说,要从源头上治理好、保护好我们的环境,靠生产者自觉、靠行政手段纠偏,这些都只能达到"扬汤止沸"的效果,根本上还是需要法律制度的保障。鉴于当前污染物的排放仍旧集中于生产者,所以需要通过法律与经济的结合,实现对生产者排放的限缩,最终引导其改进工艺或者减少排放。税收是能够将法律和经济相结合的极佳调整工具。

　　我国的"七八宪法"中早早地规定了"国家保护环境和自然资源,防治污染和其他公害",表明了国家对环境治理的关注。在 1979 年通过的《环境保护法(试行)》中,则明确了"超过国家规定的标准排放污染物,要按照排放污染物的数量和浓度,根据规定收取排污费",其虽然没有具体实施措施,但是为"排污费"的收取赋予了法律许可。我国从 1982 年开始用行政和法律手段真正介入环境保护,出台了《征收排污费暂行办法》,开始确定排污收费的原则。又在 2003 年跟进了《排污费征收使用管理条例》,对排放污水、废气、固体废物、噪音的企业开始收费,所获款项专门用于污染治理。从排污费征收的初衷来看其符合权责对等的原则,体现了"谁污染谁治理"的原则。但现实由于法律位阶过低,地方政府为产业发展所作出的"绥靖",排污费制度在现实中难以发挥其初衷,出现了"监管悖论"的现象。如淮河流域,两岸坐落着的上万家工厂,直接往淮河流域排放污水,使得淮河流域水质极差,严重威胁两岸人民的生存环境。但为了产业发展,地方都采取了默许的态度。"排污费"并未在其中起到"利剑"作用,让人唏嘘。能否借鉴西方环境保护税的成功经验和中国"排污费"施行过程中的经验得失,打造一部全新的、有效的中国《环境保护税法》呢? 在现代财税制度的呼唤下,在公众对环保问题的日趋关注下,在诸多期盼声中,环境保护税呼之欲出,被逐步提上立法的日程。但我国《环境保护税法》的出台非常不易,经历了漫长的立法过程。从 2016 年中的意见稿公布,到 2016 年底《环境保护税法》在我国最高立法机关通过,并于 2018 年初开始施行(与此配套实施的还有国务院通过的《环境保护税法实施条例》),如何在立法中切实紧扣立法目的,紧抓操作问题,丰富法条细节,真正发挥出环境保护税的效用,这才是环保税立法的真义所在。

在立法和向各界征求意见的过程中,专家学者、税务部门、环保部门、相关行业、企业以及社会公众都对立法工作十分关注。因为这部法律关乎企业利益、关乎民众福祉,与每一个人都息息相关。在此过程中,有一些问题在立法者、学者和社会公众中反复被提及、被思索,那就是环境保护税制度是否能起到环保作用,环境税的功能是否能够得到充分的发挥,主要体现在三个方面。一是环境保护税法的社会可接受性。环境保护税的理想化功能主要表现为环保事业筹资、刺激生产者和消费者调整生产与消费行为,有效实现资源的代内公平和代际公平配置。公众对环境保护税的接受程度会影响到纳税人的税收遵从度,进而影响环境保护税功能的实现。作为西方学者首先提出的理论、在西方首先实践的环境税能否在我国被接受,我们国家的政治制度构架、产业结构、经济学理念、法治观念、管理方式、人文思想与西方存在着巨大差异,这些因素会导致环境保护税社会可接受度降低,不被社会所认可,最后导致环保税实施过程中反弹局面的出现。要在我国达到环境保护税的理想效果,需要在税收公平,产业发展,征管内容,公众生活质量方面作出什么样的协调呢? 环境保护税牵一发而动全身,社会接受性尤其重要,需要慎重考虑,稳妥推进。所以立法过程显得缓慢。二是环境保护税在中国实施以后的功能性问题。从纵向来看,环境保护税的前车之鉴——排污费,并没有发挥出应有的作用,各界广泛担忧环境保护税是否会同排污费那样发生异化,出现"监管悖论",沦为财政增收的工具。从横向来看,环境保护税存在着一定的边际效应,西方很多国家都运用西方经济学理论,施行环保税体系,但并不是所有的国家都取得了成功。在我们这样一个发展还不算均衡的发展中国家中,环境保护税究竟能否发挥我们所期待的治理环境、减排控污功能呢? 三是环境保护税在实施以后的征管效率问题。征管是环境保护税的生命线,而效率是发挥环境保护税功效的最终归宿。环境保护费改税后,环境保护税款由税务局负责征收,但环境保护税由于其特殊性,环境保护部门仍然会在其中发挥重要的作用,这就涉及到了两部门的征管协同问题。在具体操作中,强税务弱环保的现实造成的税收责任机关实力不均等,两个责任部门在征管中的话语权不相同,加之部门间责任使命的偏向性会不会使得两部门在环保税征管上的理念上和行动中出现分歧? 信息共享与传递平台的缺陷会不会导致信息不对称,使得征管协同机制效率低下? 税务人员的法律知识和专业技能不高,会导致征管协同中部门对接难度加大吗? 地方政府的态度,会不会影响环境保护税征管难以长期有效的开展? 公众如何在环境保护税征管中有效行使监督职责,以促进征管效率?

这些是各界对环境保护税立法和立法后具体实施的疑问,也是对环境保护税开征的最大担忧。党的十九大报告确立了习近平总书记新时代中国特色社会主义思想,提出了加快生态文明体制改革建设美丽中国的目标和任务。中国经济发展进入新的时代,要打好污染防治攻坚战,需要运用好多种措施手段,尤其是经济手段。环境保护税在其中的作用也就愈发突显。真正的用好环境保护税这一经济手段,发挥环境保护税法的调控作用,保护环境,发展生态,实现代内公平和代际公平,给自己、给子孙后代一片绿水青山,成为我们党和国家所面临的一项重大课题,也是学界需要着力进行研讨探究的一项重大课题。

**二、研究意义**

从理论研究的角度看,我国对环境税收制度展开研究的时间比较晚,因此现有的国内研究成果多数集中在对环境税收制度进行域外经验介绍、环境税制价值功能介绍等内容上,且大多集中在经济学和管理学视角。《环境保护税法》自 2018 年 1 月开始正式施行后,近三年来,取得了一些效果,也产生了一些新的问题,特别是在协同理论层面,环境保护税法与税收征管法的立法定位不清晰、税收征收管理法与环境保护税法衔接不佳等一系列问题都纠扰着环境保护税法地顺利实施。本书立足于环境税功能的角度,将对环境税的研究深入到环境税制功能异化防范以及立法保障的问题分析上,立足提升理论高度,避免环境保护税法陷入理论上的法律困境。相对传统研究而言,这是一个全新的视角,具有重要的理论意义。

从实践的角度看,环境保护税在我国开征后实现其环保功能是一个核心问题。但在实践中结合部分地方的实践效果来看,并不算理想,也暴露了一些问题。核心问题还在于协同征管效率过低,环境保护税功能异化。这些问题比较现实,滋扰着环境保护税法地健康、稳定发展。如何提高协同征管效率、防范环境保护税功能异化,其中有共性的问题,也有些是中国特有的现象,所以这些问题都应结合环境税理论和中国的现状进行专门的研究。本书同样立足于实践角度,对环境保护税法在实际施行中的问题进行剖析,一方面可以找出问题、解决问题,满足现阶段环境保护税征管工作的需求,促进《环境保护税法》的行稳致远;另一方面也符合当前我国"税收法定""绿色税制"内涵的整体需要,当前资源税整体改革的脉络也逐渐清晰,和环境保护税的"绿色"朝向比较吻合,解决好《环境保护税法》施行过程中的问题,可以为我国其他环境税税种的开征和绿色税收体制的建立提供参考。

## 三、国内外研究综述

在市场经济国家,税收与经济发展模式创新、环境保护之间的互动关系被广泛认知,环境税法律制度也因其在解决环境问题等方面的重要作用而日益受到各国政府、各国际组织以及各界学者的普遍关注。国外学者们对环境税功能的研究最初是以外部性理论为基础的。

（1）环境税可以纠正市场的外部性。最早提出环境税收理念的是英国著名福利经济学家庇古[1]（Pigou，1932）。他的成就在于首先提出了"庇古税"的概念，对环境税的功能进行了早期的研究。他的理论建构于外部性理论基础之上，认为庇古税针对具有负外部性的行为征收，能够纠正市场扭曲，解决外部性问题并改善资源配置的效率。很多学者对环境税研究都是在外部性理论基础上展开的。

（2）环境税双重红利概念的提出。双重红利观点由Tullock[2]（1967）和 Kneese、Bower（1968）[3]等人提出，他们在对水资源相关问题的研究中提出了双重红利。双重红利概念的最大成就在于认识到了环境税不止有提升环境质量的功效，还可能有其他方面的功能。Tullock 是第一位考虑环境税收入用途的学者，他建议通过环境税收入来弥补或替代原有的以收入为动机的税收减免，以改善环境质量且降低其他扭曲性税收产生的福利成本。后来 Terkla（1984）[4]等人进行过实证计算，研究污染税收入所能产生的效率价值，以扭曲性税收的边际福利成本来估计污染税的双重红利效果。

① A. C. Pigou. *The Economics of Welfare* (4th Edition). London：Macmillan，1932.

② G. Tullock. Excess Benefit. *Water Resource Research*，1967，(3).

③ A. V. Kneese，B. T. Bower. *Managing Water Quality：Economics，Eechnology and Institutions*. Baltimore：The John Hopkins University Press，1968.

④ D. Terkla. The Efficiency Value of Effluent Tax Revenues. *Journal of Environmental Economics and Management*，1984，(11)：107－123.

(3) 环境税双重红利假说的提出。双重红利假说由 Pearce (1991)[①]提出,二氧化碳税收入应当被用来大幅度减少现有税收的税率,以减少现有税收如所得税或资本税的福利成本,这样一种税收转移可能以零福利成本或负福利成本获得环境收益,这就是所谓的环境税"双重红利"。随后关于"双重红利"假说的研究逐渐增多。在环境税的价值功能问题上,外国学者们采用比较的方式对环境税的价值功能进行了具体的分析(Michael Faure,Stefan Ubachs,2002)[②]。在环境税的具体税制设计方面,包括使用范围、税种构成等国外学者也开展了多方面研究(Sanford E. Gaines,Richard A. 1991)[③]。

由于环境税制度涉及环境学、经济学、法学等多个学科,上述学科领域内的专家、学者都对该制度表现出了极大的研究兴趣。近年来,我国学者也一直致力于环境税收制度方面的研究,该领域的研究内容可概括为以下几个方面:(1)环境税征收的必要性。在我国现实国情下,开征环境税是治理我国环境污染和应对严峻环境保护形势、贯彻落实科学发展观和转变经济发展方式以及完善环境经济手段和构建我国环境政策体系的需要(苏明,2011)。[④](2)对各国环境税收制度的比较研究。我国学者对西方国家,尤其是 OECD 成员国已经实施的有关环境税收法律制度进行了深入的研究,并对这些制度可否供我国借鉴提

---

① D. Pearce. The Role of Carbon Taxes in Adjusting to Global Warming. *Economic Journal*, 1991,101(407): 938 - 948.

② M. Faure. Env. *Liability*: *Environmental Damage Insurance*, 2002,31.

③ S. E. Games, Richard A. *Taxation for Environmental Protection*: *A Multinational Legal Study*. Praeger, 1991.

④ 苏明,许文:《中国环境税改革问题研究》,《财政研究》2011 年第 2 期,第 2 页。

出了各自的看法,对 OECD 国家环境税的实施情况以及中国环境税未来的发展趋势作了分析(杨金田、葛察忠,《环境税的新发展:中国与 OECD 比较》北京:2000)①。(3)我国环境税开征的实证分析。政府对环境税给予了高度重视,国外的相关实践提供了重要的参考借鉴,现行的排污收费管理制度和税收征管体系为环境税的开征提供了技术保障,我国开征环境税的基本条件已经成熟(杨志勇,2011)②。(4)针对环境税收制度中某一税种或是某一环境费种类展开针对性的研究。如专门研究中国的二硫化碳税费政策、固体废物税收制度等(苏明,傅志华,2011)③。(5)对《环境保护税法》相关规定的分析与探讨(陈斌、邓力平,2016)④。(6)有关我国环境保护税实施后的问题分析(高萍,2019,⑤葛察忠、龙凤、董战峰等,2018)⑥。现有国内外有关环境税的研究,对环境税制度的产生、发展、制度设计和实施情况都有比较深入的研究。国内的环境税问题研究在我国环境保护税法出台之前主要集中探讨我国开征环境税的必要性、我国环境税制度采用的模式以及税制设计。在我国《环境保护税法》实施后的研究主要集中于环境保护税实施的效果分析以及相关问题。对环境税功能研究的文献不多,而鲜有专门研究环境税功能异化并结合我国《环境保护税法》实施的情况进行异化

① 杨金田,葛察忠,《环境税的新发展:中国与 OECD 比较》,中国环境科学出版社,2000年。
② 杨志勇,《关于资源税改革的若干思考》,《地方财政研究》,2011 第 11 期。
③ 苏明,傅志华,《中国开展碳税:理论与政策》,中国环境科学出版社,2011 年 8 月。
④ 陈斌,邓力平,《环境保护税征管机制:新时代税收征管现代》,《税务研究》,2018 年第 2 期。
⑤ 高萍,《环境保护税实施情况分析及完善建议》,《税务研究》,2019 年第 1 期。
⑥ 张伊丹,董战峰,葛察忠等,《环境保护税减征的优惠机制与创新研究》,《生态经济》,2019 年第 4 期。

风险防范展开研究的文献。

## 四、研究思路与研究框架

### 第一章　环境税功能概述

本章从分析环境税特征、界定环境税的概念入手,阐述了环境税功能界定的理论基础,主要涉及公共物品理论、外部性理论、庇古税理论以及双重红利理论等。重点是对环境税的几大功能的逐一分析,强调环境税的环保功能。西方国家实施环境税多年,环境税在西方国家实施的情况分析可为我国环境税的推行提供可参考的意见。

### 第二章　环境税功能异化研究

本章集中讨论环境税功能异化问题,这是本课题研究的重点和特色,指出环境税功能有可能异化,列举环境税功能异化的主要表现,并分析阐述环境税功能异化的主要原因,有环境税本身的原因、有税制设计方面的原因,也有因为各方利益冲突的原因。在此基础上提出我国环境保护税推行后应从税制设计、税收征管、构建绿色税收法律体系、宏观经济环境建设等几个方面入手,防范环境保护税功能异化的风险。

### 第三章　我国环境保护税立法与功能实现

本章梳理了我国《环境保护税法》立法的背景和主要历程,从我国排污费制度建立到税制绿化,再到《环境保护税法》的酝酿和正式出台。通过梳理这个过程,可以对我国的绿色税收体制以及《环境保护税法》出台的背景有较为全面的认识。接着以立法目的为切入点分析了我国环境保护税的理想化功能,主要突出其环保功能和与生态文明建设的关系。以社会可接受性为视角论述了我国环境保护税法的立法原则,主要有税收法定原则、税收公平原则、效率原则、税收中性原则、公众参与原则和专款专用原则。

**第四章　《环境保护税法》的实施与我国绿色税收法律体系构建**

《环境保护税法》的实施取得了一些成效,实现了环境税的环保、财政、经济激励等功能,但是也存在一些问题。环境保护税功能的落实与发展最终要依靠我国绿色税收法律体系的构建。现阶段我国绿色税收法律体系的构建要从对环境保护税制各要素入手,适时开征其他环境税税种。

**第五章　我国环境保护税功能效率提升的重要路径——协同征管机制优化**

本章主要探讨我国环境保护税的协同征管机制问题。现阶段我国开征环境保护税在征管中践行协同征管机制是非常有必要的,虽然目前在立法上有关协同征管机制的规定不够细化,在部门法的衔接上还存在不协调的问题,在实施中也存在征管机构权责不够明确、信息共享和传递不流畅、监督问责机制缺位等问题,但在现阶段推行协同征管机制是实现我国环境保护税功能的最优选择。协同征管机制有待完善,可从完善立法、优化配套机制、健全监督管理机制几个方面进行完善。

**第六章　保障环境保护税环保功能的重要原则——专款专用原则**

环境保护税收入的使用会影响环境保护税功能的发挥,也会影响环境保护税的社会可接受性程度。本章从环境保护税的环保功能、财政收入功能与专款专用的关系作了讨论,论证了环境收入的专款专用适用在我国环境保护税推行初期是必要的,也是可行的。但是需要在立法上进一步确立这项原则,并对专款专用的具体内容、专项资金的管理安排进行细化。

## 五、可能的创新和进一步研究的方向

本书聚焦于环境税的功能问题,其中有关于环境税功能异化的研究和分析是全新的研究视角和内容。从社会可接受性角度对我国环境保护税立法原则的深入探讨也是研究的特色。这些研究内容希望能为我国有关环境保护税和绿色环境税收体系的进一步研究提供参考。课题有关我国环境保护税功能异化风险防范、我国绿色税收体系构建、协同征管机制的完善以及专款专用原则的适用等内容的探讨结合了我国现阶段《环境保护税法》的实际问题,希望有助于我国环境保护税制的推行与实践。

研究可能的创新主要体现在:

1. 学术观点新颖。研究中提出有关环保税功能异化防范的内容是全新的观点,而后环保税时代的我国绿色税收体系的构建也是前瞻性的研究,非常具有挑战性。

2. 研究角度。与以往多从财税角度开展研究不同,本书从功能异化的角度,专注于从法学角度对我国环境保护税开征之际所遭遇的种种问题和必须面对的许多冲突进行梳理、研究,试图找到解决的路径和方法,为环境保护税的开征在我国顺利推行奠定基础,是一种全新的尝试。

3. 研究方法。在研究过程中将采用多学科交叉研究方法对中国环境保护税法律制度进行系统分析和研究。主要涉及法学、经济学、环境科学等研究方法的交叉,具体包括经济学、立法学、福利经济学等相关领域的研究方法。

成果存在的不足或欠缺在于对我国环境保护税开征后的实施情况数据收集不足,影响到对我国目前环境保护税功能发挥的分析和对实施中存在问题分析与对策研究。

尚需深入研究的问题有收集我国《环境保护税法》在各地推行的情况,结合环境税功能理论展开研究,集中于对立法完善、协同征管机制、征管效率提升、税收信息交流等问题。同时展开有关我国全面构建绿色税收体制的法律问题的研究。

# 第一章　环境税功能概述

## 第一节　环境税的概念与特征

### 一、环境税的概念

　　界定环境税的概念,厘定其内涵和外延是探讨有关环境税其他理论和实践问题的基础与前提,而分析环境税的特征和类型是概括其主要功能的基础。自从英国福利经济学家庇古在 1920 年提出庇古税的概念以来,环境税概念得到不断丰富与发展。在庇古税概念提出后,最先出现并在理论和实践中使用的是具体的环境税税种,如碳税、二氧化硫税、矿产资源税等。这些概念在各国推行税制绿化的过程中被广泛使用。随着各国环境税实践的发展,独立的、以环境保护为目的的税种成为各国实践的需求,环境税的概念才出现在学者视野中,在实践中逐渐使用起来。

　　国际财政文献局(IBFD)认为环境税是对污染企业或污染物所征收的税,或对投资于防治污染和环境保护的纳税人给予的减免。① 经济与合作组织（Organization for Economic Co-operation and Development，简称 OECD）（1996）列举了环境税的构成，主要包括排污税、产品税、使用费和税收减免等。② OECD/EC（2001）将环境税定义为对环境具有一定的负面影响事物的实物单位（或替代物）作为税基的税种。③ 在 OECD 和 EEA 建立的与环境相关的经济政策数据库中，将环境税定义为"政府征收的具有强制性、无偿性，针对与环境相关特定税基的任何税收"。④ 从国外相关组织的定义来看，国外有关环境税的概念界定渐趋一致，强调了环境税与环境的相关性，同时也都认为环境税并非单一税种，而是包括多个税种，甚至包括税收减免在内的集合体。《1996 年中国环境年鉴》将环境税定义为"国家为了保护环境和资源而凭借其主权权利对一切开发、利用环境资源的单位和个人，按照其开发、利用资源的程度或污染、破坏环境资源的程度征收的一个税种"。[⑤] 在环境税概念发展的过程中，各种定义使用的定义方法有别，视角也各不相同，再加上学者们想要强调的环境税特征不同，同时环境税本身的内涵也在不断地发展变化中，外延在不断丰富中，因此，要固定一个国内外学术界、实践中都普遍认同的普遍概念是比较困难的。

环境税（Environmental Taxes）是二十世纪末随着各国"税制绿化"改革所形成的概念，又称生态税（Ecological Taxes）、绿

① ［荷］奎帕等著：《国际税收辞汇》，国家税务局税收科学研究所所译，中国财政经济出版社，1992 年 12 月版，第 99 页。

② 经济合作与发展组织：《环境税的实施战略》，中国环境科学出版社 1996 年版，第 8 页。

③ OECD/EC guideline（2001）.

④ OECD，Environmentally Related Taxes Database.

⑤ 国家统计局：《中国环境统计年鉴 1996》，1996 年。

色税(Green Taxes),这一税种以治理环境问题、保护环境利益为目标,因此,使用环境税这一称谓更为妥帖。

环境税的概念有广义与狭义之分。广义的环境税强调是为了实现环保目的而征收的税收及其相关税收措施,例如因为企业采取清洁生产工艺而享受到的税收减免。狭义的环境税概念通常是指以环保目的征收的特定税种。典型的如各种具体的排污税,如碳税、二氧化硫税等。还有学者提出了中义环境税的概念,其外延主要包括狭义的环境税加上自然资源税和生态保护税。本书在论述中主要采用广义的环境税概念来探讨有关环境税功能及其异化的相关问题,因为广义的环境税概念更全面、立体地体现了环境税征收的目的与功能。

我国 2018 年开始实施的《环境保护税法》采用了环境保护税这一概念,根据该法第二条、第三条的规定,[1]该法主要针对的应税污染物是大气污染物、水污染物、固体废物和噪声,因此我国《环境保护税法》采用的是狭义的环境税概念,目前征收的主要是排污税。

## 二、环境税与相关概念

### (一) 环境税与环境收费

我国现行的环境保护税采取了税负平移的做法,是从排污费制度发展而来的。排污费是我国推行的行政性收费的一种,由国家行政机关,主要是环保部门,依法向公民、法人和其他组织收取。与环境税相比较,二者有以下区别:首先,环境税征收

---

① 参见我国《环境保护税法》第二条、第三条之规定。

的依据是法律的规定。根据税收法定原则和我国《立法法》的规定,环境税的开征、税率、税目的要素都要依据法律规定。而排污费征收的法律依据位阶较低。第二,环境税的征收对象具有普遍性,依照法律规定纳入纳税人的范围,依法缴纳环境税。而排污费适用的范围相对特定,仅限于一定的范围。第三,功能不同。虽然二者都具有筹措环保资金、减少环境污染的功效,但是环境税作为建立于市场机制之上的调控工具,还具有激励、调控、矫正等功效,这是排污费制度所没有的。当然,二者也有一些相似性,例如都具有强制性的特点,都具有降低污染、治理环境的功能,都是国家开展环境治理的工具。我国的排污费制度在相当长的时期内对环境治理作出了贡献,在当前环境保护税的推行中应注意环境保护税与排污费制度的衔接。

### (二) 环境税与税制绿化

税制绿化的概念源于二十世纪八十年代,是一场世界范围内声势浩大的税制改革运动,其目标就是要把环境利益纳入税制改革,将环境保护、可持续发展作为评估税制的重要因素。税制绿化的具体措施包括逐步减少或直接取消有损环境利益的税种和税收措施、开征有利于环境保护的新税种。税制绿化是现代税收功能拓展的重要表现,利用税收制度推动环保事业被认为是现代税制改革的一个重大目标。环境税的开征就是税制绿化的重要体现。

## 三、环境税的特征

环境税作为一个全新的税种,除了具备税收的一般属性,如强制性、无偿性以外，还具有自身的独特性。这些独特性是其环境功能、财政功能、经济效应与社会效应得以实现的重要保障。

## （一）征收目的特定性

根据税收收入用途的不同，税收可分为普通税和特定目的税。环境税属于特定目的税，其征收具有特定的征收目的，即促进环境保护，具体包括有效控制污染物排放、调控企业排污行为和破坏环境资源的行为，实现可持续发展。实际上广义的环境税概念就是以这个特征作为核心内涵，将一系列有利于环保的各种税收以及税收措施统一到环境税这个概念之下。环境税的这一特征是基础性的，其他围绕环境税的制度设计都源于这一特征。

## （二）专款专用性

这是环境税在税收收入适用上的一个特点。为实现环境税的环保功能，将环境税收入专门用于环保事业，例如专门使用于环保项目、用于改善环境质量等。推行了环境税的国家绝大多数都采用了专款专用的做法，以最大限度地促进环境保护，同时也有利于纳税人接受这一新税种。

## （三）非单一税种

与其他税种概念不同，环境税并非单一税种，它是具有调节环境污染、资源利用行为功能的相关税种、税收措施和政策的总称。在我国施行《环境保护税法》后，环境税主要包括该法中所规定的环境保护税以及在其他法律法规中所规定的具有环保目的的其他税种、为激励纳税人采取的各种税收优惠措施等等。我国现行税制下具有环保目的的其他税种主要包括消费税、资

源税、城市建设维护税、车船税、车辆购置税、城镇土地使用税和
耕地占用税等。

### (四) 征收范围的广泛性

环境税是具有环保功能的相关税种、税收措施、政策的总
称,其所涉及的征收范围较之其他税种也非常广泛。在 OECD
国家,总共实施了 375 种不同的环境税收,其中环境与能源产品
税 150 种,机动车辆税 125 种,有关废弃物管理的税收 50 种。

### (五) 征管技术性和交叉性

环境税征收管理的技术性要求很高。要高效完成环境税的
征管工作需要有专业的技术体系做支撑,例如科学的环境标准
制度、先进的环境监测制度、高效的征管程序和高水平的专业征
管人员。由于征收对象的特殊性,环境税的征管工作需要税务
工作人员和环保技术人员的密切配合。因此,我国的环境保护
税采用了全新的"企业申报、税务征收、环保监测、信息共享"协
同征管模式。

## 四、环境税的分类

环境税并非单一税种,它是由具有环保目的的多税种、税收
措施和政策组成的集合,外延非常丰富。根据不同的分类标准
可以对环境税进行不同的分类。环境税的主要类型包括:

### (一) 直接对污染征税和间接对污染征税

根据征税对象与环境的关系,环境税可分为直接对污染征

税和间接对污染征税。前者主要包括各种针对排污量进行征税
的各种排放税。后者主要针对如汽车燃料、机动车辆征税。从
效果看,后者税基更广。

### (二) 财政型环境税和刺激型环境税

根据税收收入使用的方向不同,环境税可分为财政型环境
税和刺激型环境税。财政型环境税收入主要形成国家财政收
入。而刺激型环境税收入主要用于刺激纳税人调整其行为,引
导纳税人改变行为方式,以环保节能为目标来调整自己的行为。
具体表现为节能减排、技术革新等。

### (三) 独立型环境税和融入型环境税

从税收独立性的角度,环境税可分为独立型环境税和融入
型环境税。独立型环境税是根据受益者付费或使用者付费原
则,以筹集环保资金为目的而独立征收的税采用独立型环境税,
一般会增加成本,但是具有很强的针对性,可最大限度地发挥税
收对环境破坏行为的调节作用。融入型环境税是指并不单独设
立环境税种,而是通过对现行税制进行整合,运用税收激励等手
段,把环境保护理念融入现有税制中,提高整个税制体系绿色程
度。融入型环境税有利于节约税制设计的成本和税收征管的成
本,但其调控功能较弱。

## 第二节    环境税功能界定的理论基础

在市场经济国家,税收与经济发展模式创新、环境保护之间

的互动关系被广泛认知,环境税法律制度也因其在解决环境问题等方面的重要作用而日益受到各国政府、各国际组织以及各界学者的普遍关注。

## 一、公共物品理论

公共物品(Public Goods)与私人物品相对称,是指不具有明确产权特征、形态上难以分割、消费时不具有排他性和竞争性的物品。所谓非排他性是指未付费者亦可享受公共物品之利益,非竞争性是指一人对公共物品的消费不会减少其他人的消费。环境是典型的公共物品。环境公共物品包括大自然提供的环境资源,例如自然资源——空气、水资源、森林资源等,还包括一些公共环境设施、环境保护服务(废水处理等)。因为公共物品在消费中的非排他性和非竞争性,公共物品一旦被提供,每个社会成员不论是否对这一物品的产生作过贡献,都能享受这一物品所带来的好处。如此一来,理性的经济人都能预测到,取得公共物品的成本可以为零,因此会导致获得利益却逃避付费的搭便车行为。这种搭便车最终会导致市场失灵,使得公共物品无法被提供。1968 年美国生态学家加勒特·哈丁在《科学》杂志上发表一篇文章,提出了著名的"公地悲剧"模型。这个模型描述的是一群牧羊人在一片公共草地上放羊。公共草地代表的是具有公共物品属性的环境产品。牧羊人在公共草地上放牧,多养羊就能增加自己的收入。当然,为了追求自身利益的最大化,牧羊人不断在公共草地上增加羊。如此一来,草地被过度放牧,草地的质量快速恶化。最终草地恶化的后果还是要由全体牧羊人来承担。这个模型形象生动地描述了环境产品在市场失灵情况下的后果。[①] 公共草场类比的就是环境物品,由于非限制性和非排他性,人们对环境资源、环境设施和服务不支付对价却可消费、享用,最终导致环境资源、环境设施等被滥用。而环境资源具有不可逆性,一旦被破坏,难以复原。在环境污染这个问题上表现得更加明显,企业为降低治污成本,将污水、废气排放到自然环境中去,当排放的污染物超过环境的容量,环境损害的后果却要由特定区域的居民来共同承担。从环境中获益却不需要支付成本,理性的经济人势必对自然资源进行占用。而环境税的引入就是要人们在享受环境服务、使用环境资源时支付价格,这部分收益作为政府提供环境产品和服务的重要资金来源。

## 二、外部性理论与庇古税理论

最早对环境税进行理论研究的是福利经济学派。英国经济学家马歇尔在其代表作《经济学原理》一书中最早提出外部性理论,即个人或企业的活动对其他主体形成外部影响,这种影响难以从市场价值中反映。外部性的存在使私人边际净收益与社会边际净收益存在差异,二者之间的这种差异将会直接影响资源的优化配置及其效率。马歇尔的学生,著名的福利经济学家庇古在此基础之上发展了外部性理论,提出了外部性是私人成本与社会成本之间存在偏离的观点,并将外部效应区分为正外部性和负外部性两种情形。

外部性理论运用于环境保护领域可以发现存在着大量的负外部性情形,例如工厂在生产过程中的排污行为,废水、废气排

---

① 高萍:《中国环境税制研究》,中国税务出版社 2010 年 3 月版,第 25 页。

放到河流、大气中,对附近居民的身体健康产生危害,导致居民的健康成本增加,福利受损。这种负外部性是环境问题产生的根源。环保问题的解决就需要采取各种措施来消除这种外部性或将其内部化。在环境领域,市场失灵的现象也大量存在,即市场无法有效率地通过价格反映供求关系之间的变化,因为市场机制本身的不完善、环境信息的不对称、相关主体的不理性等等。

为矫正负外部性效应,经济学家们提出了解决问题的几种思路。第一种解决思路是由政府进行直接的管制,即命令控制手段,这种做法在环境政策中是最早采用的,借用行政的力量来管控产生负外部性效应的行为。命令控制手段主要由管制机构通过法律和行政手段制定并执行环境政策,削减污染物排放,开展环境治理。这种做法的优点是直接、效果确定且明显。但也存在着成本较高、政策滞后以及寻租等政府失灵现象,尤其缺乏灵活性,无法调动起企业减排的主动性和积极性。但是面对突出性的环境事件,命令控制手段的优势明显。

第二种思路是对产生负外部性效应的行为进行征税,其代表人物就是福利经济学派的庇古。庇古认为现实中的环境污染其实就是私人成本低于社会成本的负外部性的表现。要让实施污染行为的企业或者是个人面对真实的社会边际成本的价格,就需要把外部效应内部化。庇古提出的将外部效应内部化的方法就是针对污染者的污染行为征税,以此将环境成本内化,调整扭曲的市场并优化资源的配置。庇古在外部性理论基础上提出的"庇古税"是当今环境税的起源,这是一种主要依靠市场力量约束污染者的手段,被认为是一种较为理想化的模式。当然,庇古税要真正发挥最优的功能还需要解决有关税制设计的一系列难题,例如税率的确定、征税范围和税收征管等等。

第三种思路是由产权学派代表人物科斯提出的。科斯对庇古的外部性税收理论提出了质疑,他认为庇古税推行的前提是测算生产者控制污染的成本,而这是非常困难的。因此,他提出了另一种思路。科斯认为外部效应源于产权不明晰以及产权主体的缺失。因为明晰的产权是商品或服务进行交易的前提。在科斯产权理论的基础上,美国推行了排污权交易和配额制度,以此管控二氧化硫、铅化物和污水的排放。配额制度增加了企业排污的私人成本,所增加的部分就是配额的价格,那么私人生产成本加配额价格就接近于总的社会成本。

上述三种思路在解决环境污染问题中都有自己的适用空间和作用,实践证明环境税(庇古税)较之命令控制和产权交易成本更低,效率更高,灵活性大,其功能优势将在本章第三节详细论述。

## 三、双重红利假说

### (一) 双重红利假说的发展

双重红利又称双重效应,该理论核心内容是认为环境保护税除了本身的有利于环境保护的功能,还具有其他功能。双重红利理论的萌芽出现在二十世纪六七十年代,在对水资源问题的研究中 Tullock(1967)和 Kneese、Bower(1968)提出了双重红利的概念,其中 Tullock 首次提出了环境税的收入用途问题,并考虑以环境税收入来弥补或替代其他的税收减免措施,以实行环境税的环保功能并缓解税收扭曲。其后 Terkla(1984)等人通过演算来分析、论证环境税收入所产生的价值,并通过对扭曲性税收的边际福利成本来评估环境税的效果。

进行过实证计算，研究污染税收入所能产生的效率价值，以扭曲性税收的边际福利成本来估计污染税的红利（dividends）效果。环境税双重红利假说的发展发生在二十世纪九十年代。双重红利概念由 Pearce（1991）提出，当时针对美国 1988 年夏季出现的一场严重的干旱，引发学者们对于二氧化碳导致全球变暖的预测引起广泛关注。Pearce 认为在征收二氧化碳税的同时应当降低其他税种的税率，这样就能降低其他税种的福利成本，从而通过税收转移的方式来实现低福利成本甚至负福利成本从而实现环境收益的提升。这就是环境税的双重红利。这一观点提出后引起了广泛的关注。当时有关双重红利的争议主要在欧洲展开。随后 Terkla（1984）、Takeda（2006）、Glomm，Kawaguchi 和 Sepulveda（2006）等多位学者，通过实证研究的方式，建立数理模型，证实了环境税的税收红利确实是存在的，绿色税收所带来的双重红利令人欢欣鼓舞。从研究的方向上而言，人们对环境税双重红利的讨论也不再仅限于二氧化碳、污水排放等环境问题的控制。由于当时欧洲大陆的失业情况比较严重，政府的财政状况也比较吃紧，许多学者开始集中于研究环境税在解决环境问题的同时是否能更多地促进就业，提高财政收入，增强生产效率。当时在一些欧洲国家还专门成立了研究环境税双重红利的环境税委员会，主要关注环境税的双重红利问题。对于政府而言，政府希望环境税的征收，除了发挥原环境保护的基本作用外（即第一重红利），能够缓解财政压力，能够解决就业问题，促进市场效率提高（即第二重红利）。这对当时的欧洲政府而言，是具有非常大的吸引力的。

随后关于"双重红利"假说的研究逐渐增多。在环境税的价值功能问题上,外国学者们采用比较的方式对环境税的价值功能进行了具体地分析(Michael Faure,Stefan Ubachs,2002)。在环境税的具体税制设计方面,包括使用范围、税种构成等国外学者也开展了多方面研究(Sanford E. Gaines,Richard A. 1991)。

### (二) 双重红利假说的内容

自双重红利假说提出以来争议不断,有关双重红利的内容也无统一界定。一般认为双重红利是指环境税的开征有助于环境改善,解决环境问题,这是第一重红利,也称绿色红利(Green Dividend)或环境红利;环境税通过减轻市场扭曲,提高效率,促进就业从而形成第二重红利,又称蓝色红利(blue dividend)或非环境红利。对于环境税的环境红利,学者们并无异议。但是第二重红利,学术界分歧较大。Goulder(1995)认为"双重红利"学说根据环境税的功能分为三类,其中功能最强大的是强性的双重红利说,认为环境税具备环保功能、改善税制效率的功能,还具有提高社会福利的功能。而弱性双重红利说认为环境税的主要功能集中在缓解税收扭曲。Carraro 等(1996)提出了新的学说,认为环境税的功能除了改善环境以外还能对社会就业产生促进作用,主要是通过降低劳动税来实现的。Budzinski(2002)将双重红利学说作了新的发展,提出了就业双重红利、效率双重红利和分配双重红利。其中分配双重红利是指环境税在环保功能之外,因为税收中性的要求降低其他税收,对低收入者而言税负减轻,从而实现收入分配更加公平。该学说提出后引起很大争论,尤其是对"强双重红利"和"就业双重红利"是否存在,学者们争议很大。

### （三）双重红利假说与环境税功能

双重红利假说自提出以来就备受关注,该学说提出环境税在改善环境质量、实现环境利益之外还有减少市场扭曲,提高市场效率甚至促进就业的功能,突显了环境税在治理环境和社会效应方面的优势。因此,为各国政府运用税收工具解决环境问题提供了新的思路和信心,也为环境税开征奠定了基础,提高了民众对环境税的可接受性程度。

但该学说也备受质疑,经济学家们用均衡理论模型和数量模型,对双重红利假说中的第二重红利存在提出了种种质疑,甚至认为环境税的实施会造成新的扭曲。如 Ciaschini(2012)对意大利地区的环境税进行了实证研究最后发现第二重红利并不存在。Orlov 和 Grethe(2012)对强势双重红利则抱有很大疑问。更有学者提出环境税中的能源税根本不可能存在双重红利,双重红利的说法是政府欺骗公众的幌子。环境税在解决环境问题的同时会否产生其他红利还有待时间与实践给出进一步的答案。

## 第三节　环境税的多重功能

环境税的传统功能主要表现在环境改善、财政功能、经济激励和社会效益四个方面。环境税是在市场机制下环境管理的有效手段,通过筹措环保资金、降低能源消耗实现较少污染的环保目的。从经济激励角度看,环境税有利于调整产业结构,促进产业转型,提高资源利用率,调整企业生产结构。从社会效益角度看,环境税的开征能有效实现资源代内公平与代际公平的配置,解决负外部性,提供公平的行业竞争环境,调节个人收入,实现分配公平。

## 一、环境税的财政功能

国家财政收入的重要来源是税收,同时税收也发挥着对经济发展的调节功能。这种调节功能通过对特定行为,特定行业或人群、或产品征税来实现,也可以通过税收收入的用途来间接实现。财政功能是税收的初创功能,也是国家征收各种税收的最大动力,传统的税收都具备财政功能。作为一个"年轻"的税种,环境税当然也具备财政功能。虽然环境税从概念的提出到各国政府的环境税制设计,再到开征环境税,都是基于环境保护的目的,但客观上环境税能够实现增加国家财政收入的实际效果。

从各国实践来看,环境税收入增长稳定,尤其是在环境税推行的初期。我国征收的环境保护税的情况也是如此,据有关资料显示,我国 2018 年上半年,环保税纳税人申报入库 96.8 亿元,较去年同期同口径排污费相比,增收 17.5 亿元。根据国家税务总局公布的 2018 年前三季度的数据显示,全国共有 76.4 万户次纳税人顺利完成环境保护税税款申报,累计申报税额 218.4 亿元,其中减免税额达到 68.6 亿元,实际征收税款 149.8 亿元。征税额度相比同期征收的排污费额度呈增长趋势。[1] 上面数据反

---

[1] 葛察忠等:《中国环境税收政策发展报告(2018)》,中国环境出版集团 2019 年 5 月第 1 版,第 17 页。

映环境保护税收入可观,而这部分收入按照规定作为环保资金使用。环境税的财政功能不但增加了国家的财政收入,更为环保事业筹措了资金,这一功能在环境税开征的初期表现得更为抢眼。

在肯定环境税具有财政功能的同时,必须注意环境税收入的特征。环境税主要基于环保功能开征,客观上具备财政功能,尤其在开征的初期,环境税税源稳定充实,因此环境税会的税收收入呈增长态势,且数量颇丰,其增加国家财政收入效应明显。各国在环境税收入的使用上一般都采用专款专用的做法,在环境税收入增长的同时,政府用于治理环境的投入也随之增加,再加上环境税的调节功能,环境税的环保功能得到充分体现,环境治理效果明显,环境问题得到缓解。随着环境的逐步改善,纳入环境税征税范围的行为、产品等也随之呈现缩减态势,经过一定时期,环境税收入会随之减少,这是环境税环保功能的体现,当然也会对环境税财政功能造成一定的影响。环境税收入的这个特点在其他国家环境税开征的实践中已经得到体现。

对于环境税收入会随着推行的深入而递减,这既是环境税环保功能的体现,也是环境税财政功能与环保功能之间的一种动态关系。在环境税开征之初,其财政功能表现充分,所获得的税收收入用于治理环境,促进其环保功能的实现。随着环境治理推进,环境税征税范围内的行为、产品缩减,环境税收入逐步减少,但环境税的环保功能已然得到体现,其增加财政收入的功能衰减,环境税开征的主要目的也得到实现。当然,这个过程应该是一个不断推进的过程,可能需要一个比较长的周期。从理论上看,环境税并非能够提供长久稳定财政收入的税源。

## 二、环境税的环保功能

环境税制度发展到今天,受到学者们的关注和各国政府的重视,非常重要的原因就是环境税除了具备其他税种都具有的财政功能以外还具有显著的环保功能,这是环境税的重要特点和优势。理论上学者们论证了环境税环保功能的理论基础和推行环境税实现环保功能的可行性,实践中各国在推行环境税制过程中环境税在减少污染、改善环境质量、提升环境利益方面发挥了重要作用,充分体现了环境税的环保功能。

环境税引起学术界和各国政府关注的主要是其所具备的环保功能。环境税收制度在西方国家实施后,在减少污染、保护环境、推动环保技术革新等方面已取得积极进展,显示出这项制度强大的生命力与活力。环境税是治理环境的手段之一,其环保功能主要表现为以下几个方面:

### (一)有效筹集环境保护资金

环境税的财政功能是指环境税的征收可以增加国家的财政收入,而这部分收入可以直接运用于环保目的,例如资助环保项目研究、推广环保技术、治理环境污染等。或者是间接性的为了实现税收中性,用于降低其他税种,如所得税、劳动税的征收。根据外部性理论,环境税主要目的就是要把作为外部性成本的治理污染的费用通过环境税的征收转移到产品的成本中去。因为这部分成本是由导致污染的生产企业产生的,理应由这些造成污染的企业承担,而不应由全体民众共同承担。例如一家造纸厂,向河流排放污水,污水污染了水源,需要治理,这部分治理的费用并未计入造纸厂的成本,但是这部分治理污水的费用理应由导致污染的企业承担。这种情况下,环境税可以发挥它的环保功能,向排污企业征税。征收的环境税实现了将外部性成本内部化的效果。现阶段虽然无法禁止企业所有的污染行为,但至少可以要求这些企业承担治理环境污染的费用。当然,环境税收入形成国家财政收入后还需要借助专款专用原则来强化它的环保功能。

随着环境问题的日益严峻,在我国的环境污染治理过程中的一个突出问题就是地方各级政府对环境治理和环境保护提供的资金支持不够,基层环保资金的缺口更大。依照美国二十世纪七十年代的标准,也就是环保资金按占 GDP 3％的比例测算,我国未来在环保事业上的资金投入要达到 10 万亿。① 我国现有的财政收入显然无法达到这个资金量的要求。因此环境税的开征势在必行。对破坏环境、造成环境污染的行为和主体征税,所征收的税收收入用于环保事业,既可有效遏制污染行为,又为环保事业筹集资金。在专款专用原则下,可形成稳定的环境保护与污染治理的资金来源。环境税收入的专款专用能强化环境税与环保目标的关联性,一方面能为环保事业筹集更多的资金,尤其在我国环境环保资金不足的情况下,最大限度实现环境税的环保功能;另一方面将有利于提升环境税的社会可接受性,节约征收成本。

### (二) 调控污染与破坏环境资源的行为

在相当长的一段时期内,我国政府在治理环境中采用了管

---

① 鲍晓倩:《环保投入占 GDP 比重应尽快提高至 3％》,《经济日报》2013 年 4 月 15 日。

理控制型手段,运用国家强制力要求相关企业、特定人群遵守政令法规,这种管控手段的最大不足就在于双方之间是一种单一的管理者和被管理者关系,强制管控手段无法真正调动、激发企业的积极性。人们只是被动遵守和服从,没有改变生产、生活方式的动力。当然,管理控制手段是一种短期见效快、力度大的管控方式。但是在现阶段运用直接管制手段来治理环境、解决污染问题是不现实的,因为没有办法绝对禁止企业去开发利用自然资源,当然也不能禁止企业向自然环境排放污染物。同时,直接管制的方式强而有力,但是欠缺灵活性。有些国家在运用直接管制手段时采用了为各类企业制定排污指标的做法,这种做法往往是"一刀切",无法考虑每个企业的具体情况,例如企业的生产规模、所处行业特点等要素。这样势必影响企业的生产经营、营利目标的实现,同时从宏观层面讲,还将影响资源的优化配置。而且,直接管制的方法往往成本较高。反观环境税制度,与传统的命令控制手段相比较,环境税制度最突出的特点和优势在于其建立于市场机制之上,具有更大的灵活性与高效性。它将外部成本内化,运用市场机制,一方面追求环保功能的实现,另一方面也充分考虑到企业的经营自主权,尊重企业追求利益最大化的宗旨。企业在追求自身利益最大化的驱动下,根据实际生产需要和经营状况,对环境税的刺激和调控做出积极的反应,采取减排措施,改良生产工艺,引进环保设备。如此一来,企业的行为受到环境税调控功能的影响,既实现了环境税的环保目标,又考虑了企业的实际情况,又将外部性成本内化,一举多得。以排污税为例,排污税是直接针对排放到环境中的污染物征收的税收,例如向水体中排放污水。污染者面对此税种的开征,有可能会采取三种措施来应对:一是消极地减少产量,以此降低税收成本;二是安装削减污染的设备,例如通过安装净水器或其他设备来减少污染排放;三是通过提高生产效率或是改进生产工艺以减少污染。这三项应对措施都将能减少污染者缴纳的排污税,降低其纳税成本。同时这三项措施无论采用哪一项都将有益于污染防治,污染者会根据自身的情况结合对利益最大化的价值追求来做出自己的选择。可见,环境保护税充分利用了市场机制,它是一种自我规范、自我调节的手段,只要制度设计合理,征管实施到位,将借助市场的力量来解决污染问题,与传统的禁令式或命令式监管手段相比较,管理、监督和强制实施的成本都将被大大节约。

## 三、环境税的经济激励功能

从经济激励角度看,环境税有利于促进节能环保型技术创新,调整产业结构,促进转型,调高资源利用率,调整企业生产结构,带动高新技术产业增长,有利于经济增长方式转型。环境税具有经济激励功能,它的工作机制是用税收杠杆向特定行业、企业和人群施加税负,合理的环境税税制设计为他们提供刺激,激励生产者环保生产,减少污染排放。环境税的推行能够促使消费者和生产者改变固有的行为方式,生产者在营利目标的驱动下为减少环境税的缴纳减少污染排放,为减少污染排放会去寻找其他解决问题的方法——技术革新,采用低污染、低能耗的生产技术;引进先进的设备,降低能耗,减少污染;提高资源利用率,减少污染物排放,减少环境税的缴纳。企业在环境税的激励下,既实现了环保目标,又实现了营利的目标。消费者因为生产者将环境税转嫁到自己身上或是因为带有环保目的的环保税的开征,而感受到了环境税所带来的刺激。他们为少缴环境税也会去改变固有的行为模式,积极适应环保的生活方式,例如购买低能耗的环保产品(节能灯)、减少使用高能耗的出行工具(汽车)而改为使用绿色环保的出行方式。环保的消费习惯和生活方式被倡导,成为一种流行,环境税的环保目的悄无声息地得到实现。

环境税的经济激励功能发挥与环境税税制设计密切相关。合理的税制设计,恰当的税率才能有效激发纳税人。税率过高增加了纳税人的负担,影响其竞争力。税率过低又无法起到激励的作用。当然,通过开征环境税将环境成本内化还需要其他的一些配套制度,例如有效的征管机制、到位的税收知识和环保理念的宣传。

## 四、环境税的社会效益功能

作为环境税征收的理论基础之一,污染者负担原则(Polluter Pays Principle,简称 PPP 原则),由 OECD 于 1972 年首次提出,其核心内容就是要求所有的污染者必须为其所造成的环境污染直接或间接地负担费用,即污染环境造成的损失及治理环境的费用应由污染者来负担,而不应转嫁给国家、社会或者是其他人。该原则是环境法中"谁污染谁治理,谁开发谁保护"的环境责任原则在环境税法立法中的体现。PPP 原则的起源可追溯至 20 世纪初的旧福利经济学的观点,它表明物品和服务的理想价格应该反映全部社会成本,包括与污染、资源开采和其他形式的环境退化相关的环境成本,否则将会导致资源的过度开发和环境的污染与破坏。这项原则在 OECD 的倡导下已成为国际社会制定环境政策和开征环境税的一项基本原则。该项原则近年来还出现了一个新的发展趋势,即将环境资源的利用也纳入其中,在污染者负担的基础上发展了使用者负担原则(User Pays Principle,简称 UPP 原则)。该原则的适用要求污染者对于自己的污染行为所产生的环境成本进行承担,而不是由全体社会成员来负担,这是公平原则的体现。环境税的开征不仅是技术问题,也不仅是财税问题,而是关系到人与自然之间、人与人之间的公平正义问题。环境正义涉及环境权利、权力和义务与责任在不同国家、民族、地区和阶层之间的分配。"即弱势群体有免于遭受环境迫害的自由,社会资源的公平分配资源的永续利用,以提升人民的生活品质,以及每个人、每个社会群体对干净的土地、空气、水和其他自然环境有平等享用的权利。"[①]

环境税的开征以法律为依据,以国家强制力为保障,以税务部门和环保部门的联合征收为基础。它的强制性、权威性比之前的排污费制度要更强。在某些地方政府以牺牲环境资源、污染环境为代价来换取经济绩效的情况下,环境税的推行以严格的征管有效地破除地方保护主义,切实将环境保护置于经济发展之前。同时环境税的开征也充分体现了环境公平,一方面表现在将环境资源在当代人之间以及当代人与后代人之间进行公平地配置;另一方面将环境保护的义务在企业之间、公民之间进行公平地分配,为企业发展创设公平的竞争环境,对个人收入进行调节实现实质意义上的分配公平。

---

① 纪骏杰:《环境正义:环境社会学的规划性关怀》,《环境价值观与环境教育学术研讨会论文集》,台南:国立成功大学台湾文化研究中心 1997 年版,第 46 页。

环境税所具有的财政功能、环保功能、经济激励功能和社会效益功能这四项功能,其中环保功能是其首要功能,也是各国推行环境税所期望达到的主要目标。经济激励功能与环保功能有相关性,亦可促进节能减排,清洁生产的实现。这两项功能是环境税立法、实施中应重点保障的,使环境税不致沦为政府增加税收收入的手段。

## 第四节　国外环境税实施效果分析与经验借鉴

二十世纪三十年代到六十年代,在世界范围内出现了以比利时马斯河谷烟雾事件、伦敦烟雾事件为代表的八大公害事件。这几起震惊世界的悲剧事件的集中爆发是自然环境向人类敲响的警钟,告诫人类因为化学、汽车工业的发展对自然环境造成的污染不断加剧,环境问题已经到了非常严重的地步。自此,人们开始真正警醒,在发展经济的同时必须充分重视环境问题,珍惜自然资源,善待环境,真正做到可持续发展。正是在这样的背景之下,环境税开始进入学者们和各国政府的视野。环境税制度从二十世纪六七十年代开始在西方国家推行。西方国家在开征环境税后,普遍享受到了环境税制度所带来的多重红利,既增加了财政收入又缓解了环境危机。他们在推行环境税制度中积累的经验值得我们总结和借鉴。

### 一、国外推行环境税制度的实践

经济发达国家在发展过程中也同样遭遇了严重的环境问

题,他们在应对环境问题过程中对环境税制度从二十世纪六七十年代就开始关注、推行。从发展历程看大多数国家选择了从推行单一的环境税税种开始,逐步提高税率、扩大征收范围,再逐步推行多个环境税税种,最终构建起相对完备的环境税收制度。

在国外的环境税推行中,最早开征环境税的先锋是以荷兰、挪威、瑞典为代表的一批北欧国家。这些国家在二十世纪八、九十年代就开始进行绿化税制改革。这批国家以瑞典为例,瑞典是最早推行环境税的国家之一。在 1974 年瑞典开始征收体现环保目的的能源税,征收对象包括石油、煤炭和天然气。1990 年开始征收税率为 25% 的能源增值税。1989 年在航空运输行业开征氮税。1991 年瑞典实施税制改革,开征二氧化碳税和二氧化硫税。瑞典的二氧化碳税的征收范围比较广,除生物燃料和泥煤外大多数的燃料都要征收。以瑞典为代表的北欧国家践行环境税时间早、征收范围广,取得了较好的效果,它们的环境税收体系也比较完善。到了二十一世纪初,以德国为代表的一些欧美经济发达国家,多数为 OECD 成员国和欧盟成员国,它们也开启了税制绿化改革,开始了推行环境税的实践。德国在二十世纪初开始进行生态税改革,标志性的法律文件是在 1999 年 4 月1 日生效的《实施生态税改革法》和同年 12 月 16 日出台的有关推进环境税改革的法案。德国的生态税改革以能源税为主,针对天然气、汽油、柴油和电力征收,在能源税推行中德国采取了渐进式的改革策略,对能源税的征收税率采取分步骤提高的做法,充分考虑了民众对生态税的接受度和纳税人的承受能力。同时注意采用一系列税收优惠措施来配合生态税改革的推行,取得了比较好的效果。这些国家在环境税改革中起步不早,但正处于逐步推进的过程中,都享受到了环境税改革带来的红利。在二十世纪八、九十年代部分东欧国家和亚洲一些国家在经济发展中意识到了环境保护的重要性以及环境税的环保功能,纷纷加入环境税改革的队伍,主要有日本、新加坡、俄罗斯等国家。这些国家从特定环境税的开征开始,逐步实现税制绿化,构建起日渐完善的环境税收体制。

国外已开征的独立性环境税种主要包括:1. 对资源开采和消费开征的环境税:气候变化税(英国,2001 年)、货物消费税和资源开采税(美国)、资源税(德国)、矿物油税(法国)、燃料税(日本)、能源税(瑞典)。2. 对机动车及航空消费征收的环境税:机动车与航空消费税(英国、法国)、汽车使用税(美国)、民航税(德国)、车辆税(日本和瑞典)。3. 对垃圾处理及污染物排放开征的环境税:垃圾处理税(英国)、对废气排放征收的环境税(英国二氧化碳税、法国二氧化硫税、美国二氧化硫税等)、水污染税(德国、法国、瑞典)。

国外已实施的融入型环境税主要包括:1. 美国实施的与环境有关的税收优惠政策,包括了企业所得税优惠政策、销售税和财产税税收优惠政策;2. 德国实施对企业环保项目研发的税收优惠、对中低收入者给予的相关补贴等;3. 荷兰对于利用环保设备允许加速折旧、为保护地下水资源而推行的减税政策等。

环境税制度在西方国家的实践中有一些共同的特征和做法,首先,推出的环境税税种种类繁多,征收的范围较为广泛。从外延上看,环境税并不是一个税种,它是由多个具有环保功能的独立税种所组成的一个集合。在西方国家推行环境税的初期通常是从排污税开始的,例如二氧化碳税、二氧化硫税、噪声税等等。通过开征这些税种,环境污染情况明显好转,环境税的环保功能初步显现。在此基础上,不少国家逐步扩大排污税征收的范围,提高排污税的税率。还有不少国家同时开征了具有环保功能的资源税和消费税,例如汽油税、矿产资源税等。这些税种并非狭义的环境税的范畴,但是客观上在开征后取得了降低能耗、节约资源的效果。环境税的财政功能也得到充分发挥,表现为环境税收入在各国总税收收入中占的比例不断加大。例如在 2001 年,荷兰的环境税收入占当年全国税收总收入的 9%。在希腊,环境税收入占总税收收入的 13%,而且这个比例还有递增的趋势。这是各国环境税征收范围逐步扩大,税率逐渐提升的效果,也是各国征管效率提高的结果。

其次,各国在推行环境税制度的同时非常重视贯彻税收中性原则。税收中性原则是一项重要的税收基本原则,目的是为了防止因税收而增加纳税人、社会的负担,避免对市场经济造成干扰,影响国家经济的正常运行。因为税款的征收客观上必然会加重纳税人的负担,税收的调节作用会对经济运行造成影响,如何消除这种影响,减轻或抵消纳税人的负担就是在贯彻税收中性原则时需要解决的问题。

在推行环境税的过程中,环境税作为一个新税种开征,对相关行业、企业以及消费者而言势必造成他们的税收负担加重。行业、企业担心竞争力受影响,营利目标难以实现。个人消费者担心生活负担加重,生活质量受到影响。他们对环境税的开征会有一定的顾虑甚至是抵触。尤其在西方国家开征环境税的初期,在不少国家的税负水平已经很高的背景下,推行环境税的阻力不小。因此各国在开征环境税的同时,都采取了不少措施来抵消因为环境税开征给民众造成的额外负担。具体的措施有返还税款、降低其他税种的税率、发放补贴等。例如荷兰在开征能

源税的初期就采取过降低个人收入税税率的做法,挪威在推行
二氧化碳税的同时也通过返回税款的方式来保持税收中性。这
些措施一方面能缓解环境税开征给纳税人和消费者所造成的额
外负担,另一方面还有利于提升环境税的社会可接受度,减少环
境税开征初期所受到的来自政治上和社会上的阻力。

## 二、国外环境税制度的实施效果及经验借鉴

　　西方国家推行环境税收制度后取得了多方面的良好效果,
也使得环境税制度的各项功能得到充分展现,激励着各国开征
环境税和扩大环境税征收范围的信心。环境税在西方国家的实
施效果显著,主要表现在以下几个方面:第一,环境税收入不断
增长,为环境治理提供了重要的资金来源。具体表现在通过环
境税征收获得的税收收入在各国总税收收入中比例不断提升。
丹麦在 2002 年的环境税收达到了总税收收入的 10%。从 1980
年到 2001 年,欧盟 15 国的环境税总收入从 550 亿欧元增长到
2380 亿欧元,环境税收入占国家总税收收入比例从 5.8%上升到
6.5%。[①] 当然,由于各个国家的税制发展程度不同,环境税收入
在总税收当中所占的比例有差别,但是从近年来的数据看,环境
税收入都在增长,且环境税在各国总税收收入中所占的比例也
有不小的增长。环境税收收入在专款专用原则的保证下全部或
大部分投入到环境治理中,为解决环境问题提供了充足的资金。
第二,环境问题得到不同程度解决,环境税的环保功能实现充

---

[①] Johan Albrecht, *The Use of Consumption Taxes to Re-launch Green Tax Reforms*, *International Review of Law and Economics*, March, 2006, P89.

分。环境税实施后最直接、最明显的效果是污染物排放明显减少，环境质量明显得到改善。因为大多数国家的环境税推行都选择了排污税的征收。各国二氧化碳税开征就直接减少了各国碳的排放量、二氧化硫税的征收针对的就是二氧化硫的排放，针对性强，减排的效果也最明显。在直接的减排效果之外，通过环境税的激励功能和调节功能，环境税还调动了企业和消费者改变生产方式、生活方式的积极性，企业的生产方式更加环保，工艺更加先进，对自然资源的利用率也提高了。消费者的消费方式和生活方式也更加环保，绿色、环保、节约环保的理念得到推广和落实。

除了环境效益，环境税在西方国家的推行还促进了新技术的推广，引发了新一轮的技术革新，许多有利于提高能效、减少污染的新技术、新工艺被开发。同时，环境税的开征还减少了税收扭曲，为税制现代化提供了机会。通过成本内部化，减少了对环境和经济有害的补贴，通过调整税制实现了调整经济结构的目的。在一些失业率较高的国家，降低劳动税和增加就业也成为实施环境税的目标。因为各国在推行环境税的同时普遍采用降低劳动税的策略，保持税收中性。当然不可否认，环境税并非包治百病的灵丹妙药，应根据具体的经济状况、社会状况和国际背景来适用。环境税功能的发挥还需要一揽子措施，包括法律、交易许可等一系列措施共同发挥作用。

## 三、可供我国借鉴的经验

我国自改革开放以来，伴随经济飞速发展和人民生活水平不断提高的同时也面临着比较严峻的环境问题，环境污染问题有加剧的趋势,自然资源遭到一定程度的破坏。为了解决环境问题我国政府采取了许多措施,其中非常重要的一项制度就是排污收费制度。这项制度在我国推行的过程中取得了一定的积极效果,对降低污染、治理环境问题作出了贡献。排污收费制度的推行形成了我国"费主税辅"的局面,针对环境问题收取的费用种类多,数目占比也比较大。但是排污收费制度在灵活性、强制性、法律依据、立法位阶等方面都有不足。而我国在与环境保护有关的税收制度方面是相对滞后的,表现为没有开征独立的环境税种、与环保有关的税种比较少。由排污收费制度向环境税收制度进行转化是发展的趋势。在我国环境税收法律制度的构建中参考、借鉴西方的相关经验是非常有必要的。通过上文对西方环境税制度实施情况的分析,可以得到以下几个方面的启示:

第一,在我国构建起环境税收法律制度是非常有必要的。在过去相当长的时间里,我国主要依靠命令控制的方法来治理环境问题。具体表现为通过行政手段要求企业执行环境标准,超标收费,以此达到减少污染、治理环境的目的。命令控制手段在环境治理方面有针对性强、见效快的优点。在我国运用命令控制手段治理环境问题也起到了良好的效果,但是单纯依靠行政命令手段来管理在今天并非治理环境的最佳手段。命令控制手段强度大,但灵活性不足。仅仅通过行政处罚、收费等手段无法充分调动起企业的积极性,无法让企业积极转变观念,改革生产方式,革新生产工艺和技术手段。而建构于市场机制之上的环境税收制度的表现非常突出,它具有相当的灵活性,在增加财政收入的同时更能激发企业积极性,可以说环境税收制度在市场经济体制下是治理环境的有效手段,也是高效率的手段。在我国逐步实现税制绿化、建立环境税收法律制度中推行环境税是非常必要的。

当然,运用环境税收制度治理环境问题并非抛弃其他治理手段,在开征环境税,尤其是在开征环境税的初期要做好环境税与其他已开征税种和已实施的相关环境税收政策的衔接工作,例如在我国已开征的资源税、消费税、车辆购置税以及各种资源税等等。在环境税开征的同时,要注意避免与其他相关税种的冲突问题和重复征税问题,尽量避免因为环境税的开征而加重相关企业、相关行业纳税人的税收负担。环境税功能的发挥要依靠环境税收制度的构建与完善,更离不开与其他相关税种和税收政策的配合与协调。

第二,在推行环境税收制度时要重视环境税多重功能的发挥。环境税的首要功能是环保功能,虽然客观上环境税的开征能增加国家的财政收入,这是所有税种的共同特点。但是环境税之所以为各国政府所重视,最主要的原因在于它强大的环保功能。在西方国家推行环境税的过程中,我们注意到一方面环境税开征所形成的环境税收入可用于环境治理,另一方面环境税能对纳税人产生刺激作用。恰当的税率能激励纳税人减少污染排放。在技术和经济条件允许的情况下,纳税人会削减排污,直到排污的边际削减费用逼近环境税税基。纳税人削减排污的路径包括改变生产方式,采用先进的环保工艺和设备,强化排污管理等。我国在推行环境税过程中务必重视环境税的多重功能及其有效实现。

第三,在推行环境税的过程中注意保持税收中性原则。在西方国家推行环境税的过程中非常注重采取相应的措施来控制环境税推行对纳税人税负的影响。采取降低其他税种的税率或采取税收优惠措施来抵消或部分消除因为环境税开征而对相关纳税人增加的税负。我国在环境税立法中也不无此担忧。相关行业、相关企业非常担忧环境税的开征会明显增加其税负,进而影响其竞争力。普通民众也担忧企业通过加价把增加的税负转嫁到消费者身上。环境税推行的目标并非增加国家财政收入,而是环保。因此,我国在推行环境税的过程中要注意坚持税收中性原则,以提高环境税的社会可接受性,并发挥好环境税的环保功能。

第四,环境税的推行离不开高效的征管。西方国家在推行环境税的过程中非常重视征管问题。当然,各国的税收征管机构和模式有不同,但是征管问题影响到环境税推行的效果,影响到环境税推行的社会可接受度,进而影响环境税制度功能的发挥。在我国环境税推行的过程中要重视征管工作,建立由税务部门和环保部门共同协作的工作机制,重视人才队伍建设,打造专业的由复合型人才组成的环境税收征管队伍。

推行环境税、构建环境税收制度是大势所趋,然而制度构建与实施的路径是异曲同工。在我国环境税收制度构建的过程中既要注意借鉴西方国家的成功经验,更要结合我国现阶段的现实情况,构建起有效治理我国环境问题、充分发挥环境税功能的环境税收制度。

# 第二章 环境税功能异化研究

　　环境税作为解决人类环境危机和有效协调经济发展与环境保护问题的重要途径，一经问世就引起了学术界和各国政府的关注。推行环境税的国家无不对环境税的理想化功能充满期许。从西方国家环境税实施的实际效果看，环境税的实施减少了污染物的排放，相关国家的环境质量得到实质性改善。以欧盟为例，二十世纪末，欧盟各成员国都在一定程度上根据各国实际情况引入了碳税，1999—2000 年欧盟的温室气体排放量减少了 3.5%。[①] 由于环境税的开征，能源价格大幅提升，刺激消费者和企业采用替代性的产品、技术和生产工艺。以德国为例，德国生态税自 1999 年正式实施，到 2005 年其二氧化碳排放量削减了 2%—2.5%，能源消耗下降 16%，同时养老保险费费率由 20.3% 下降为 19.5%。2003 年，德国生态税收入比 1998 年增长 55%，总税负却降低了 4%，这些数据反映出环境税的"双重红利"效应显现，环境效益和社会效应也很显著。但不可否认，环境税在特

---

① 张克中，杨福来：《碳税的国家实践与启示》，《税务研究》2000 年第 9 期，第 4 页。

定情况下有可能偏离人们的预设轨道,无法发挥其应有的功能,甚至可能带来一些负面效应。人们对环境税的期待落空,究竟是制度本身的缺陷,还是在实施中出现了偏差。这些问题是所有推行和计划推行环境税制的国家所关注的。

# 第一节  环境税功能异化的表现

## 一、环境税的环保功能淡化,沦为财政收入的新渠道

"双重红利假说"让人们对环境税制度充满期待。各国政府环境税的推行让理论上的设想变成美丽的现实。人们对环境税的功能满怀期待,希望它成为提升环境质量的有效手段,能发挥激励功能,改变人们的生活方式、消费行为和企业的生产模式。环境税的增收功能源自环境税作为税收的本质属性,也是所有税种的共同功能。从各国实施环境税的实践来看,环境税的增收效果是明显的,尤其在环境税开征的初期。而且随着环境税改革的推进,环境税收体制的完善和征管效率的提升以及新税种的开征,环境税收收入稳定且逐步增长。但是从庇古创设庇古税,到双重红利学说的提出,学者们的理论分析和各国实施环境税的实践都赋予环境税更多的使命。环境税的推行在一定程度上满足了人们对它的期待,但必须承认环境税有被滥用的可能——无法实现其预设的环保功能,更无法完成促进就业、纠正税收扭曲的任务,而是降格为仅仅具有增加国家财政收入的创收手段。这种现象是纳税人所不能接受的,因为以实现环保为目标而开征的新税种,最终却不能发挥其环保功能,纳税人却因

为环境税的开征而徒增税负。

退一步分析，其实环境税也并不能固定、长期地充当增加政府财政收入的工具。主要原因在于环境税具有累退性，随着环境税实践的发展，纳税人不断通过改进工艺、革新技术等手段来减少排污，提升资源利用率，以此来实现少缴甚至不缴环境税的目的，又或者通过调整生产方式来符合减免环境税的条件，都可以达到避税或减税的效果。如果上述变化成为一种普遍的现象，我们应庆幸环境税的环保功能、刺激功能得到实现，但是同时环境税也面临着税源的逐步枯竭，其税收收入也必将随之递减，更无法继续胜任增加国家财政收入的职责。

一个国家的环境税制如果仅仅充当增加国家财政收入的角色，那么该国的环境税推行是失败的。虽然环境税收收入也可用于环保事业，从而发挥部分环保功能，但是不能发挥激励、调控功能的环境税制是名不副实的，甚至无法论证其被实施的合法性。只重视环境税的增收功能，无视环境税的环保功能和其他功能，是对环境税制功能的曲解。

## 二、环境税负担被转移，其环保功能被弱化

环境税实现环保功能的原理就是通过将污染的成本内化，并由污染者来承担，借此实现污染者付费，体现环境公平，达到减排效果。但是在成熟的市场经济条件下，价格机制是非常敏感的。作为环境保护税纳税人的相关企业面对新增加的税收负担，通过价格机制把这部分作为成本加入产品或服务的价格中去，而消费者因为购买该产品或服务而成为了环境税负的最终承担者。如此一来，本应由污染企业承担的税负转移到了特定

的消费者身上,政府希望通过增加税负来促使企业减排的目的落空,环境税的环保功能也被弱化,刺激调节功能无法实现,无法发挥刺激纳税人减少污染物排放、革新生产技术和工艺的功效。反倒是消费者承担了额外的负担,他们的现实购买力被削弱,从宏观层面看人们的消费需求增长受阻,于国家经济发展不利。

## 三、增加相关企业成本,削弱企业竞争力

环境税是通过增加排污成本刺激企业选择低污染的方式进行生产经营。政府开征环境税后,迫使相关企业承担外部性成本。污染型企业污染排放量越大,需要缴纳的环境税就越多。如此一来污染密集型企业的生产成本被拉高,相对较高的生产成本会导致其在市场竞争中竞争力减弱,进一步发展有可能导致企业的破产、倒闭。从行业发展来看,整个高污染行业也会受到影响,发展到一定程度可能导致某些行业的衰退。从国际竞争的角度看,相关行业的企业其国际竞争力也被削弱,无法在与他国企业的国际竞争中占据优势。作为一个新税种,环境税的开征对企业而言是额外的成本,开征环境税可能给投资者、企业国际贸易竞争力和国内就业带来负面影响,尤其对于像中国这类主要依靠廉价劳动力和商品价格优势在对外贸易中生存竞争的国家。

## 四、征管工作偏重效率,难以兼顾公平

环境税对不同收入人群、不同行业的冲击和影响是不一样

的。环境税可能对低收入人群造成潜在影响。低收入人群用于购买日常生活用品的支出预算占比较大,而他们所购买的产品往往是污染密集、采用落后工艺生产的产品,那么环境税会给这一群体带来较大的影响。在高污染行业密集的区域、行业同样会更多地受到环境税开征的影响。同时,在税收征管过程中税务部门的征管工作往往将税收的增收功能和征管工作的效率作为重点,对环境正义和环境公平的关注不够。环境利益不仅涉及到当代人的福祉,更与子孙后代息息相关。根据公共产品理论,环境资源具有公共产品的属性,环境税的负担应该在当代人之间、在当代人与后代人之间进行公平的分担。

　　不同行业、不同地区、不同收入人群应该负担的环境税税负应有所区别,而不是一刀切,简单的平均化,否则将会造成税负不公的现象。而差异化征收,实行地方差异化又有可能在地方保护主义中导致环境税功能发生异变甚至是被虚置。例如某些地方政府出于招商引资的目的,将环境税减免作为吸引投资的优惠政策加以使用,这种做法导致环境税环保功能受影响,并因为税负不公而引起本地区其他企业的不满或其他地区企业和民众对环境税失去信心,影响环境税的社会可接受度,环境税的功能也会受到极大影响。

# 第二节　环境税功能异化的原因分析

## 一、两难的环境税税率

　　基于经济激励机制的环境税制在具体设计时并非如有的学

者所认为的"你唯一需要做的就是设定税率或者确定污染排放总量并分配污染权,然后市场机制就会处理好其他一切"。① 环境税制的设计非常复杂,甚至存在着不少技术难题和两难选择。环境税税率是环境税制中一个核心课税要素,税率决定税负水平,更是环境税功能能否实现的关键因素。环境税税率得当,将促进企业节能减排,税率不当,可能在企业间造成不公平,甚至会产生反向激励的作用。

根据"庇古税"理念,要确定适宜的税收水平、制定合理的税率必须要估算减少一个单位污染排放所带来的追加收益以及削减单位排放的成本大小,而实际上这些信息往往是难以获得的。在环境税制设计中,采用过低的税率好处是能够获得持续而稳定的环境税收入,缺点是一来无法筹集足够的税收收入用于环保事业,二来无法发挥刺激作用,纳税人可能消极应对,缴税了事,无法激励其节能减排或转而采用更环保的新工艺、新设备,环境税的环保功能就无法实现。而较高的税率能较好地实现环境税的环保目标,但将会导致税基的萎缩,削弱相关企业的竞争力,伤及税本,也会降低环境税的社会可接受性。

## 二、税基、税收收入与环境有效性之间的矛盾

简单而精确的税基能够带来稳定的税收收入,促进该税种财政功能的实现。在环境税中却难以实现这种效果,因为这三者在环境税中存在着矛盾。首先,从税基的情况看,税基与污染

---

① Frank S. Arnold, Economic Analysis of Environmental Policy and Regulation, New Jersey, John Wiley & Sons, Inc. , 1999, P. 229.

关联越紧密,税收的刺激作用就越强。因此,税基应与排放直接
对应,如果能够设置简单精确的税基,将有助于增加环境税的收
入,进而充分发挥环境税的环保功能和财政功能。但是,由于污
染排放情况往往比较复杂,而导致污染加重的因素也很多,因此
很难用简单而精确的税基来反映。税收和环境损害之间直接而
清楚的关联性是影响到环境税是否具有有效性以及是否获得广
泛接受的关键。如果税基和环境损害之间的关联性太弱,那么
环境税可能无法促使污染者改变行为,甚至反而可能造成更多
的市场扭曲。其次,在环境税收入和环境有效性之间也存在着
矛盾。环境税的刺激功能、引导功能发挥得好,环境税收入增
加,就意味着污染情况好转,污染排放减少,环境效益显现,那么
环境税征收的收入就会减少,进而影响环境税财政功能和环保
功能的发挥。在环境税税基、税收收入和环境有效性之间的矛
盾关系被称为"可悲的三角形"。[①]

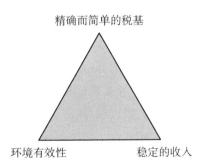

**图 2.1　环境税税基、税收收入与环境有效性之间的矛盾关系**

---

① Jean-Philippe Barde:《OECD 成员国的环境税的现状和发展趋势》,杨金田,葛察忠等
编:《环境税的新发展:中国与 OECD 比较》,《中国环境科学出版社》2000 年版,第 20
页。

这三者之间不甚和谐的关系是影响环境税功能导致功能弱化甚至异化的一个重要原因。

## 三、各方利益的博弈与目标冲突

环境税涉及多方利益主体,包括政府、企业、公民个人,他们所代表的公共利益、政府利益、企业利益和私人利益与环境税的各项功能目标纠缠在一起。各方利益主体从各自的利益出发,利益的冲突与博弈,对环境税制的设计、施行以及功能的发挥,都产生了非常重要的影响。

代表政府利益的政府内部有不同的机构部门,这些部门将会影响到环境税制的设计与实施。国家税务机关与财政部门更多关注的是环境税的财政功能。税务部门还会关注环境税征管的难度和征收的成本、效率等问题。而环境保护部门则更关注环境税的环保功能。

作为市场经济中最活跃、最重要的主体,企业对环境税的税负水平尤为关注。尤其是传统的高耗能、高污染行业,他们将要负担环境税征收所带来的额外成本,他们当然希望税率越低越好,征收范围越窄越好。在追求利润最大化目标的作用下,他们会根据环境税的税负水平适时调整自己的生产经营策略,应对环境税带给他们的冲击和影响。相关企业对环境税的税收遵从度将直接影响环境税的征收效率和成本。

广义的环境税包含多种税种,其中有些税种将直接针对个人征收,例如燃油税,将直接增加消费者负担,进而影响其消费行为。同时上述相关企业也会通过提高产品价格的方式将环境税负转移给消费者。作为个人对环境税的态度也有矛盾,一方面希望环境税能有效解决环境问题,为个人创设更好的生活环境,另一方面又希望自己承担的税负不要太重。各方主体从自身利益或所代表的利益出发,趋利避害,谋求利益的最大化。环境税的目标在环境利益实现、财政收入充足、征管成本和效率最优之间平衡。

## 四、监管技术手段有限,监管机制乏力

环境税的财政功能、环境功能、经济调控功能和社会功能的发挥都有赖于有效的征收与监管。然而,环境治理是一项复杂的系统工程,在监管机制不够完善、监管技术手段有限的情况下,会出现企业或个人偷偷排放污染物、非法开采资源的现象。这些非法行为会产生偷逃环境税的后果,影响环境税功能的发挥。因此,环境税需要与行政手段、法律手段协调配合,发挥各自的优势与功效。

# 第三节 我国环境保护税功能异化风险的防范

环境税功能异化的风险不仅是理论上的分析,这种潜在的风险是现实存在的。我国在开征环境保护税以及未来开征更多的环境税税种时必须要采取措施保障环境税功能的实现,并注意防范环境税功能发生异化。

## 一、我国对环境税提出的功能要求

中共十八大报告中提出要将生态文明建设提高到与政治、

经济、文化和社会四大建设并列的高度。要建设生态文明就要加强生态文明的制度体系建设，切实加强环境保护。环境税制度的建设与推行是运用税收手段治理环境，实现税制绿化的重要路径。新的形势对环境税功能提出了新的要求。

### （一）将环境税的环保功能摆在其多重功能的首位

在我国推行环境保护税之前相当长的一段时期内，排污收费制度发挥着治理环境的作用。在我国推行多年的排污费制度取得了减少污染物排放的积极效果，但是排污费的定位是行政收费手段。同时现行税制中的能源税和消费税客观上也起到了治理环境的效果，但它们都不是真正意义上的独立的环境税。一直以来，无论是对普通民众，还是税务征管部门，对于税收在环境治理中的作用认识都不够深刻。这些情况都影响了人们对环境税的环保功能重要性的认知和关注。环境税具有多重功能，其中环保功能是它最突出的优势与特点。与我国之前实施的排污收费制度相比较，环境税的环保功能非常突出。它不仅能增加政府的财政收入，更具有环保功能。在完善的市场经济体制下，环境税制度能通过对特定纳税人施加税负来改变纳税人和消费者的生产方式和生活方式，灵活又有效地发挥治理环境、减少污染的功效。也正是因为环境税突出的环保功能使其在西方国家推行多年并为许多国家所坚持并不断扩大适用。在我国开展生态文明制度建设的背景下，构建我国的环境税收制度体系，必须将环境税的环保功能置于环境税其他功能之前。充分重视并切实保障环境税环保功能的发挥，惟其如此才能真正发挥环境税的功效，使其不至于沦为增加政府财政收入的工具，而弱化其环保功能。

### （二）重视环境税的激励功能

与排污费制度不同，环境税还能通过激励作用来实现其环保功能。在排污收费制度下，缴纳排污费的主体往往处于被管理者的被动地位，他们有一种因为排污而被处罚的挫败感，缺乏主动降低能耗、开展技术革新的动力。环境税制度的激励功能提升纳税人的主动性。面对新增加的环境税，纳税人为谋求自身利益的最大化，势必采取措施积极寻求合理避税的路径和方法。根据环境税的税制设计，他们可以通过减少排污、提高能效、对生产工艺和流程进行环保革新。消费者改变生活方式和消费习惯，选择环保产品和更加环保的生活方式。在环境税激励功能的作用下，纳税人的积极性被激发，变被动缴纳费用到主动变革，在市场机制的作用下，环境税改变了企业的生产方式和消费者的生活方式，更重要的是在潜移默化中培养了人们绿色生产和绿色生活的理念。

环境税激励功能的效果与环境税的税制设计紧密相关。合理的税制设计，尤其是恰当的税率是关键，且由于税收规模对产出水平和污染程度的影响是一个收敛的反复迭代的过程[①]，适时地调整和修正税率是非常重要的。

### （三）树立"绿色屏障"，促进国际环保合作

经济全球化给各国经济发展带来了新的机遇与挑战。在环境领域，不少发达国家在本国进行环境税改革实现产业的逐步

---

① 计金标，刘建梅：《公平视角下环境保护税若干问题探析》，《税务研究》2014 年第 7 期，第 64—68 页。

升级后利用国际贸易向发展中国家出口转移一些不符合本国环保要求的产品,有些产品是因为出自高污染、高能耗产业,有些产品采用了不符合环保要求的技术、工艺;更有甚者直接将有害的废弃物出口到发展中国家。这种做法通过国际贸易将本国的污染物向他国转移,损害其他国家的环境利益,是一种环境外部性的跨国转移,是不符合国际法的。在此背景之下,环境税通过提高境外污染转移的成本有效抵制"洋垃圾"和境外污染企业的入驻与生产,构建起绿色屏障,防治境外污染物对我国环境的破坏与影响。

环境问题是全人类面临的共同问题,环境问题的有效解决需要国际合作。在环境保护领域,我国加入了《联合国气候变化框架公约》《生物多样性公约》等一系列国际环境公约和议定书,积极参与国际环保合作。逐步建立起完善的国内环境税收制度既是我国生态文明制度建设的要求,也是参与国际环保事业、加强国际环保合作的要求。

## 二、影响我国环境保护税功能的重要因素

《环境保护税法》的出台具有里程碑式的意义,但我国的环境税体系仍处于成长期,改革之路任重而道远。在日后的环境保护税完善过程当中,我们应将环境保护税的功能设计落实到具体的制度中,综合考虑多方面因素对环境保护税功能的影响,让这些因素的不利影响降到最低程度。笔者认为具体税制要素的设计、环境税收入的分配及使用方式、环境保护税的征管模式是影响环保税功能的重要因素。

## （一）环境保护税具体税制要素的设计

纵观全篇《环境保护税法》，我们不难发现环境保护税在具体税制要素设计上是存在缺陷的。第一，有关纳税主体及其责任承担方面的法律规定不全面。环境保护税的纳税主体为在中华人民共和国领域和中华人民共和国管辖的其他海域，直接向环境排放应税污染物的企业事业单位和其他生产经营者，这就将自然人排除在征收对象范围外。可是，现实情况是对环境造成污染破坏的不仅仅是企事业或其他生产经营者，还有相当一部分环境污染是普通居民造成的，环境保护税却没有将他们纳入征税对象。如此一来，环境保护税的纳税人范围就缩小了，不利于环境保护税实现环境保护的目标。由于环境保护税属于一种事后救济手段，它不能从源头解决环境污染问题，更不能预防环境污染问题的产生。如果纳税人责任不加以严格规定，很有可能导致纳税人"不减排，只交钱"，这会让环保税的环保功能落空。并且，现行的《环境保护税法》对纳税人履行环境保护税的义务和承担其他法律责任之间的关系也没有明确规定，这使得环境保护税法与其他环境税相关法律不相协调，可能会给纳税人一种错误认识，认为自己没有治理环境污染的义务，这也会给环境保护部门执法带来阻力。第二，环境保护税的课税对象具有局限性。环境保护是仅仅将大气污染、水污染物、固体废物和噪声这四类列入课税对象，并未将流动污染物、挥发性有机物等污染物质纳入征税范围。结合实际情况，流动污染物给我国环境带来的恶劣影响是不容忽视的，例如车辆行驶过程中产生的尾气一直在我国大气污染中占比较高，但却一直未被纳入征税对象。可以说，环境保护税法征税范围的规定采用列举式方法，从某种程度上限制了其环保功能的发挥。

## （二）环境保护税收入的分配及使用方式

### 1. 环境保护税收入的归属

一项能够带来收入的政策，难免会引起有关部门之间的利益博弈，因此税收收益分配权相较于税收立法权、税收征管权重要性更为突出。而环境税收益权能的分配模式主要有三种，包括中央政府专享、地方政府专享和中央与地方共享。中央政府专享模式强调中央政府在税收收益权领域的支配地位，地方政府专享模式则是赋予地方政府这一权能，共享模式是介于中央政府和地方政府之间的第三种模式，这种分配模式依据政府的权能和职责划分，综合考量各级政府在环保方面的投入和需要来划分环境税收入，认为应由中央和地方共享环境税税收收入。此前国务院下发通知，明确规定我国环境保护税收入归属地方，这一规定比较符合我国当前的实际情况。地方财政的稳健性不仅体现在其享有充分的财力，更在于其能否获得实质性财力的税权，而环境保护税收入全部归属地方意味着地方政府取得了环境保护税的收益权能，将对地方财政带来实质性的影响。而我国地方政府财政长期处于入不敷出的状况，且过分依赖中央政府的税收返还和转移支付，对环境保护既"无心"也"无力"。环境保护税收入归属地方，可以赋予地方政府一定的弹性空间，因为地方政府能够掌握环境污染发生的具体情况，第一时间对污染原因、污染程度以及如何治理采取措施，依据具体情况因地制宜，这样治理环境污染会更加及时高效，同时可以提高地方政府的环保积极性。

### 2. 环境保护税收入的使用

税收不仅是获得财政收入的重要来源，也是国家一项不可或缺的经济调节手段。税收收入的使用方式不同,所取得的成效也会全然不同,环境保护税收入使用方式的选择更是影响其功能的发挥。环境保护税收入如果纳入一般性财政预算统筹使用,将不利于其环保功能和收入功能的实现。假如环境保护税所得收入不用于环境污染的治理和防控,政府仍然使用公共财政资金来治理环境污染,这不仅不能有效控制环境污染的产生,还可能会纵容污染者的污染行为及其污染成本的社会转嫁,如此一来环境保护税所取得的收入对环境污染的社会矫正功能就落空了。因为不论是征税还是收费,共同坚持的一项基本原则就是污染者付费,其功能就是矫正污染治理成本分配的社会不公,使企业赚钱污染环境、政府出资治理环境这种负外部性内部化。此外,环境税的开征还有一项目的,那就是保障环保资金的投入,如果环境保护税收入统筹他用,环保专项资金的建立将遥遥无期。税收收入所具有的天然财政功能,我们无需避讳,可一旦环保税收入统筹使用不和其他税种相区分,很有可能使得政府片面追求财政收入增长,从而导致环境保护税收入功能产生异变。

不同于纳入一般公共预算统筹使用这种方式,环境保护税收入专款专用则可以有效强化环境保护税的功能。因为环境保护通常需要持续稳定的大量资金投入,环保资金缺乏保障的话,环保部门就可能陷入"巧妇难为无米之炊"的尴尬局面。如果环境保护税收入专门用于环境保护,直接投入环保部门,则可以调动环保部门的积极性,使其与税务部门形成征管合力。此外,由于环境保护税财政功能明显弱于其他一般税种,环境保护税收入更应专门用于环保领域。这是因为随着环境保护税的环境规制在发挥作用,环境污染会日渐减少,中长期的环境税收入会有所降低,而根据税收中性原理,总体的宏观税负将是稳定的,环境保护税收入在环境税体系上的贡献将是有限的,其不能承担促进财政增长的责任,所以应通过专款专用来实现其财政收入功能。

### (三) 环境保护税的征管模式

环境保护税的开征对我国税务部门的征管水平是个不小的考验,因为不仅要求税务部门、环保部门掌握科学的征管手段,还要求他们相互配合形成高效的协作机制。《环境保护税法》在正文第四章首先明确了税务机关、环境保护主管部门和县级以上地方人民政府各自在环保税征收管理工作的职责,由税务机关和环境保护主管部门共同建立涉税信息共享平台,同时地方政府应领导建立部门协作机制。法条第十七、十八、十九条还分别规定了纳税时间、征收地点和申报期限,并强调纳税人进行纳税申报时应当将所排放应税污染物的种类、数量以及大气、水污染物的浓度值等资料报送至税务机关,然后税务机关再将这些资料与环保部门信息平台传递的数据资料进行比对。最后,《环境保护税法》还对纳税人环境保护建设投入进行了规定,包括用于污染物自动监测设备的投资,以及政府部门将给予相应的资金和政策支持。由法条规定可知,税务部门和环保部门工作配合和协作机制是否高效,是环境保护税征收管理工作的关键所在,征管机制如果不畅通,环境保护税的功效将大打折扣。

另外,环境保护征收管理具有强烈的专业性,尤其是污染物的监测,如果不能科学监测、准确计量,环境保护税的征收工作将陷入困境。以噪声污染检测为例,计税依据和税额的确定需要根据噪声时段、标准限值以及排放限值来进行信息填报,技术性非常强。同时,排污费改成环境保护税,具体的征收管理工作从此前的环境保护部门变成了税务部门,可是目前我国地方政府税务部门对污染的监测技术与手段还处于摸索当中,主要还是依赖环境保护主管部门的数据信息作为依据,需要在后续的征管工作中加以改进。

## 三、防范我国环境税功能异化的路径

在环境问题成为全球主题的今天,面对不断加剧的环境问题,环境税制度以其强大的环保功能和其他功能使之成为重要的环境经济手段。我国要构建起环境税收制度,保障其各项功能的实现,需要从以下几方面着力建设:

### (一) 调整产业结构,促进产业结构升级

当前我国的产业结构格局仍然是以第一产业和第二产业为主,但第一产业增速放缓。环境税的开征所形成的新的税收负担对特定的行业和企业带来不小的压力。不少企业为应对环境税的开征加大了对企业的环保投入,这部分投入也加重了企业的负担。受环境税开征影响较大的行业主要涉及能源密集型行业、高污染行业以及产能过剩行业,例如造纸行业、钢铁行业、煤化工行业和平板玻璃行业等。从宏观层面,国家加大产业结构调整力度,推进产业结构优化和升级,淘汰部分落后的行业将为环境税的顺利推行奠定基础,减少新税开征的阻力。

### (二) 重视区域发展平衡,实现税负公平

区域发展不平衡是我国的基本国情,表现为产业分布失衡、

经济发展存在差距,在区域生态保护方面也存在着不平衡。其中东部沿海地区经济发展迅速,但也存在着以牺牲环境利益和大量消耗资源为代价发展经济的问题。中西部地区经济发展相对滞后,产业层次不高。在环境税推行中必须正视我国区域发展不平衡的现实,将税负公平落到实处,将税负公平地在不同地域、不同行业以及不同企业之间进行分担,在环境税税率的设置上要有一定的灵活性和弹性,实现实质意义上的税负公平。避免一刀切,也要避免完全把权力下放给地方,标准不一,导致税负不公而加剧区域发展不平衡的程度。

### (三) 构建中国绿色税收法律体系

依法治国是发展社会主义市场经济的需要,而依法治税是依法治国的重要组成部分。要推行环境税制,发挥环境税的多重功能,构建中国绿色税收法律体系是前提。税收法定主义原则要求税制设计、税收征管程序,从实体到程序,每一个环节都要做到有法可依,这是环境税合法性的前提,也是环境税发挥功能的基础。在构建我国的绿色税收法律体系时要充分考虑我国国情。在参考、借鉴西方推行环境税实践经验的同时走出我国环境税税制完善的中国之路。在环境税立法中要坚持税收公平、效率、税收中性原则,贯彻公众参与,在环境税开征初期坚持专款专用原则,提升环境税的社会可接受性,消除纳税人的顾虑与抵触。立法进程应循序渐进,逐步扩大征收的范围,开征新的税种,调整税率。同时在立法中还要注意环境税开征与其他税种和税收政策的配合与衔接,使得多种环境经济政策产生合力,共同治理环境问题。

### (四) 建立地方环保事权与支出责任相适应的环境税收机制

2016 年国务院印发《关于推进中央与地方财政事权和支出责任划分改革的指导意见》(以下简称《意见》),对推进中央与地方财政事权和支出责任划分改革作出总体部署。十八大以来,理顺中央和地方事权与财权关系成为我国新一轮财税体制的改革的重要目标。环境税的功能发挥与环境税收入的收支、使用有密切关系。

我国 2018 年 1 月 1 日开征环境保护税,2017 年 12 月 22 日国务院发布《关于环境税收入归属问题的通知》(国发〔2017〕56 号)。在该通知中明确为促进各地环境保护工作,增加地方环境保护的资金投入,国务院决定将环境保护税全部作为地方收入。这一规定明确了环境保护税的收入将由地方支配使用。2020 年 6 月国务院办公厅发布《生态环境领域中央与地方财政事权和支出责任划分改革方案》(国办发〔2020〕13 号)。在该方案中把生态环境领域的事务划分为五大类,分别是生态环境规划制度制定、生态环境监测执法、生态环境管理事务与能力建设、环境污染防治和生态环境领域的其他事项,并明确了在生态环境领域中央与地方财政事权与支出责任的具体划分:1. 在生态环境规划方面,中央主要负责国家、跨区域、重点流域与海域、影响较大的重点区域生态环境规划以及国家应对气候变化规划制定,确认为中央财政事权,由中央承担支出责任,其他生态环境规划制定确认为地方财政事权,由地方承担支出责任;2. 在生态环境监测执法方面,国家生态环境监测网的建设与运行维护、生态环境法律法规和相关政策执行情况及生态环境质量责任落实情况监督检查、全国性的生态环境执法检查和督察,确认为中央财政事权,由中央承担支出责任,将地方性的生态环境监测、执法检查、督察确认为地方财政事权,由地方承担支出责任;3. 在生态环境管理事务与能力建设方面,中央负责全局性的生态环境管理和能力建设事务,地方负责地方性的生态环境管理相关事务;4. 环境污染防治,中央负责跨国界、重点区域的环境污染治理工作,地方负责区域性环境污染治理;5. 生态环境领域其他事项,中央负责生态环境领域法律法规和国家政策、标准、技术规范等研究制定,生态环境领域地方性法规和地方政策、标准、技术规范等研究制定工作由地方负责。

### (五) 建立环境税征收保障工作机制

环境税的顺利开征需要制度保障,这是影响环境税功能发挥的重要方面。在我国环境保护税开征前,财政部、税务总局、环境保护部联合发出《关于全面做好环境保护税法实施准备工作的通知》(财税〔2017〕62 号)。在该《通知》中提出了保障环境保护税开征的几个方面:

1. 多部门协作工作机制

环境保护税的征收工作涉及到税务和环境保护部门,各地要建立起在地方人民政府领导下的多部门协作工作机制。在协作工作机制中,财政部门负责牵头,会同税务、环境保护部门,共同做好环境保护税法的实施工作。根据《通知》要求,多部门应细化分工,密切沟通协作。其中税务部门与环保部门应依照《环境保护税法》及其实施细则、《税收征收管理法》的规定,确定各自职能。环境保护税的征收工作仅仅依靠税务部门是无法顺利开展的,在征收过程中环境主管部门应负责对污染物的监测管理工作,税务部门主要负责环境保护税的征收管理,保障税收收入的及时足额入库。① 环境保护主管部门与税务部门还应建立起环境保护税涉税信息共享平台,适时沟通、分享信息,以利于征收工作的顺利开展。

2. 落实税法授权事项,制定相关配套办法

依据《环境保护税法》的相关规定,各省级财政部门要会同同级税务、环保部门制定本地区应税大气污染物和水污染物的具体税额以及应税污染物排放量抽样测算方法。各地在制定配套办法中应结合本地区的实际情况,在实地调查测算、充分研究论证的基础上完成该工作,为环境保护税的征收工作提供依据。

3. 实现税收返回与税收优惠透明化,保障税收中性

西方国家在实施环境税的工作中非常重要的一条经验是注意保障税收中性。我国在环境税征收工作中除了关注环境保护税税收收入的及时足额入库,还要充分运用税收返还和税收优惠制度。但是,"我国现行税收优惠政策过多过滥,且通过多渠道下达,各种调控目标间缺乏协调,出现应有的环保效应被其他调控目标抵消的情形"②。在推行与环境税实施有关的税收返回和税收优惠时应避免上述问题,首先应对现有的相关税收优惠进行清理、整合。其次,要实现税收优惠政策的公开化与透明化。通过税收宣传工作使公众,尤其是纳税人,了解《环境保护税法》及其实施细则以及各项相关税收政策,让符合条件的纳税人了解并充分享受税收优惠政策。

《环境保护税法》的立法与实施是我国系统构建环境税收法律制度的新起点,我们以此为契机,推动绿色税制改革。环境税

---

① 参见《中华人民共和国环境保护税法》第 14 条。
② 苏明,许文:《中国环境税改革问题研究》,《当代经济管理》2014 年第 11 期,第 2—12 页。

不是一项简单的增加国家财政收入的工具,它最重要的功能是对环境治理的贡献,是对人们生活方式和企业生产方式改变的刺激与激励。但是,这些功能不是制定一部法律,公布几个文件就能自动达成的。环境税功能的实现需要环境税收法律体系的建立与完善,需要税务机关与环保部门的通力配合,从中央到地方的大力支持。否则,这些功能无法最大化的实现,甚至有可能被异化,导致环境税制度被虚置。在我国大力推进生态文明体制改革的背景下,充分发挥环境税这一有力的环境经济工具在环境治理中的作用,将环境税制的各项功能发挥到最大化,为打好污染防治攻坚战,为美丽中国的建设事业提供保障。

# 第三章　我国环境保护税立法与功能实现

2016 年 12 月 25 日,第十二届全国人民代表大会常务委员会第二十五次会议审议通过《中华人民共和国环境保护税法》(以下简称《环境保护税法》),并于 2018 年 1 月 1 日起实施。该法不仅宣告我国第一个独立环境税税种的开征,也是在《立法法》确立"税收法定原则"后的第一部单行税法,同时也宣告在我国实施近四十年的排污收费制度终止。回首长达三十年的漫漫立法之路,我们在感叹该法出台的艰辛与不易的同时,也愈加认识到我国政府在运用税收工具治理环境问题上的决心与信心。

## 第一节　我国《环境保护税法》立法背景与历程

### 一、我国环境经济政策推行的起点——排污收费制度的建立与实施

排污收费制度从二十世纪七十年代在我国推行,成为我国

最先施行的环境经济措施。回顾排污收费制度在我国推行的时间轴,其中有几个重要的法律规定和文件。1978 年的《环境保护工作汇报要点》是最早提出向排污单位收取排污费的文件。标志着我国在法律上正式确立排污收费制度的是 1979 年《环境保护法(试行)》。该法第十八条规定超过国家标准排污要按照污染物的数量和浓度收取排污费。截至 1981 年底,我国共有 27 个省、自治区、直辖市逐步推行了排污收费试点制度。1982 年 2 月国务院出台《征收排污费暂行办法》对排污收费制度作了进一步的规定,对排污费的征收对象、征收标准、所收取排污费的使用和管理等主要内容都作了较为详细的规定。1984 年《水污染防治法》规定我国开始征收污水排污费。1987 年《大气污染防治法》规定向大气超标排放污染物的单位应按规定缴纳超标排污费。1989 年《环境噪声污染防治条例》规定超标的环境噪声应按规定缴纳排污费。1989 年实施的《环境保护法》第 28 条规定,排放污染物超过国家或者地方规定的污染物排放标准的,企事业单位按照国家规定缴纳超标准排污费并负责治理。随后,我国还陆续出台了一系列法律法规对二氧化硫排放、固体废物排放的排污收费制度。排污收费制度体现了"污染者付费"原则,是保护环境的一项有力措施。但是,早期的排污收费制度在制度设计方面存在着不少缺陷,根据实践的要求,我国开始对排污收费制度进行调整。

我国的排污收费制度推行几十年来经历了多次改革与调整。2003 年国务院颁布《排污费征收使用管理条例》(以下简称(条例)。该《条例》在多个方面对排污收费制度进行了重大改革,改革的主要内容在收费方式、收费范围和排污费的使用与管理。《条例》规定收费方式由原来的超标排放收费调整为按污染物的种类、数量进行总量收费和超标收费并存的方式;排污收费的范围从排放污染物的单位扩展到排污的单位和个体工商户。排污费的征收和使用管理严格实行收支两条线,采用地区收费调整系数和环境功能收费调整系数,以考虑地区发展差异和环境任务差异。随后还出台了有关排污费制度的配套文件,《排污费征收管理办法》《排污费资金收缴使用管理办法》等配套规章相继出台,全面系统地确立了我国市场经济条件下的排污收费制度,实现了由超标收费向排污收费和超标加倍收费、由单一浓度收费向浓度与总量相结合收费、由单因子收费向多因子收费的转变;对排污费的征收使用和管理,严格实行收支两条线,征收的排污费一律上缴财政,列入环境保护专项资金,全部用于污染治理。[①] 2014 年 9 月 11 日,国家发展与改革委员会、财政部和环境保护部联合发布《关于调整排污费征收标准等有关问题的通知》,这是自 2003 年《条例》实施以来国家层面首次提高排污费征收标准。

　　作为我国环境管理的一项基础性制度,排污收费制度实施 30 多年来在促进污染治理,尤其是在控制排污方面成效显著。同时排污收入也为减排工作筹集了资金,近 10 年来全国年均排污收费近 1.8 亿元,这些资金全部投入到污染防治、生态保护和环保队伍建设。更重要的是该制度推行后将环境成本纳入企业成本,企业开始主动减少污染排放,寻求技术革新,积极采用环保技术。排污收费制度发挥了促进污染治理的经济杠杆作用。但是排污收费制度还存在一些问题,例如征收面比较窄,收费标

---

[①] 葛察忠,龙凤,董战峰:《中国环境税收政策发展报告(2018)》,中国环境出版集团 2019 年版,第 3 页。

准偏低。

排污收费制度是我国一项基本的环境管理制度,自二十世纪七十年代开始实施的排污费制度,发挥了促进污染治理的经济杠杆作用,为环境保护工作开辟了专项资金渠道,推动了环境信息公开和环境执法。但是,排污费制度还存在一些问题,首先,从制度设计本身来看,排污收费存在标准偏低、征收面窄、缺乏对排污者不同表现的激励机制等一系列的问题;其次,排污费收费制度由环保部门征收,与税务部门相比,环保部门在征收、稽查能力上受限,容易产生征收不足额的现象;第三,排污费征收的依据是地方政府规章,法律位阶较低;第四,地方保护主义限制了排污费的减排功能,有些地方政府为招商引资,甚至将减免排污费作为一项优惠政策使用。

## 二、税制绿化在我国的发展

1992 年,在巴西里约热内卢召开的联合国环境与发展会议上提出可持续发展的思想。二十世纪九十年代,中国在经济飞速发展的同时环境问题日益突出,环境保护受到中国政府重视,可持续发展理念开始成为中国社会发展的指导思想。党的十六届三中全会提出了"坚持以人为本,树立全面协调、可持续的发展观,促进经济社会和人的全面发展"的科学发展观。在环境保护方面与国际上先进的发展理念看齐。1994 年,中国出台《中国 21 世纪议程》,在这个文件的行动方案中指出,对环境污染处理开发利用清洁能源废物综合利用和自然保护等社会公益项目在税收信贷和价格方面给予必要的优惠。要求利用税收政策促进可持续发展,主要包括环境保护税务财务等部门将着手研究对

废水废气固体废弃物排放征收环境税的方法步骤和标准。对环
境保护工程项目和生态恢复工程项目,给予一定税收优惠。[①] 有
关自然资源开发方面的生态环境补偿的问题也被列入到下一步
发展的议程之中。1994 年,中国税收法律制度开始了一场意义
深远的改革运动,大幅度调整了既有税收法律制度,建立起了较
为全面更适合中国经济发展需要的现代税收法律制度。在上述
背景下,中国的税制绿化开始启动并迅速发展起来。自二十世
纪九十年代,我国推出了一系列渗透着可持续发展观和环保理
念的税收法律法规和税收政策。

## (一) 消费税开征及调整

　　1994 年 1 月 1 日开始实施《消费税暂行条例》,开征消费税,
主要目的是调节产品结构,引导消费方向。消费税作为一个独
立的税种正式开征,设定了包括汽油、柴油汽车、轮胎、小汽车和
摩托车等 11 个税目,把对环境有影响的消费产品纳入征收范
围。2006 年 4 月 1 日我国的消费税进行了一次较大的调整,将
消费税税目由 11 个增加到 14 个,逐步考虑对环境资源类产品征
收消费税。新增的税目有一次性筷子、实木地板等,并对小汽
车、摩托车、汽车轮胎等部分税目的税率进行了一定程度的调
整。2008 年成品油价格和税费改革对成品油进行较大调整,取
消公路养路费、航道养护费、公路运输管理费、公路客货运附加
费、水路运输管理费、水运客运货运附加费等六项收费,提高成
品油的消费税税额,逐步有序取消已审批的政府还贷二级公路

---

① 《中国 21 世纪议程——中国 21 世纪人口、环境与发展的白皮书》,中国环境科学出版
　社 1994 年版,第 8 页。

收费。目前消费税有 15 个税目,其中与环境相关的税目有 7 个。

### (二) 资源税费改革

我国自 1984 年 10 月起首次开征资源税,征收的范围仅限于原油、天然气、煤炭和铁矿石。我国对资源税实行"普遍征收,级差调节"原则,按矿产品销售量征税。2010 年我国开始推进资源税改革,资源税从量定额计征改为从价定率计征,同时调整资源税税率,开始实施清费立税,取消相关收费和基金项目。

2016 年 5 月 9 日,财政部联合税务总局发布《关于全面推进资源税改革的通知》(财税〔2016〕53 号),自 7 月 1 日起,资源税改革将在全国全面推进,对前期尚未从价计征的 129 个税目进行改革,资源税全部实现从价征收。同时,对衰竭期煤矿开采的煤炭和冲田开场置换出来的煤炭,分别实行资源税减征 30% 和资源税减征 50% 的优惠政策(不能叠加使用)。

同时,开展水资源改革试点工作。2016 年 7 月 1 日,河北省率先实行水资源税改革,将原来收取的水资源费降为零,改征水资源税。按照"鼓励使用再生水,合理使用地表水,抑制使用地下水"的原则设定税额标准。自正式启动以来,河北省已累计征收水资源税 7.16 亿元,较 2015 年同期水资源费增收一倍,水资源税改革后"以水定产、适水发展"的理念不断加强,高效节水工程和技术措施得到广泛应用,社会节水意识普遍增强。2016 年总用水量比 2015 年减少 4.6 亿吨,抑制地下水超采作用显现,用水结构也显著优化。2017 年 11 月 24 日,财政部税务总局水利部发布《关于印发扩大水资源税改革试点实施办法的通知》(财税〔2017〕80 号),按照党中央、国务院决策部署,自 2017 年 12 月 1 日起,扩大水资源税试点,在北京、天津、山西、内蒙古、山东、河南、四川、陕西、宁夏九个省（自治区、直辖市）开展水资源税试点。试点省份开征水资源税后，将水资源费征收标准降为零，水资源税改革试点期间，可按税费平移原则，对城镇公共供水征收水资源税，不增加居民生活用水和城镇公共供水企业负担，水资源税征收对象为地表水和地下水。

### （三）车船税与车辆购置税推行

2011年，第11届全国人大常委会第19次会议通过了《中华人民共和国车船税法》，2012年1月1日起施行，我国车船税是第一个由税收暂行条例上升为税法的税种。现行车船税是对车船保有环节征收的一个税种。车船税是地方税，由地方税务机关征收，机动车根据排气量大小设置乘用车税额标准。

2018年12月29日第十三届全国人民代表大会常务委员会第七次会议通过《中华人民共和国车辆购置税法》，2019年7月1日开始施行。车辆购置税对汽车、有轨电车、汽车挂车、排气量超过一百五十毫升的摩托车在购置环节征收的一个税种，采用从价定率办法，计征税率为10％，车辆购置税实行一次性征收。购置已征车辆购置税的车辆，不再征收车辆购置税。车辆购置税的征收，通过对车辆消费行为的调节，能够起到一定程度的环境保护作用。

除上述几大类外，原有的耕地占用税、城市土地使用税、城市维护建设税等税种，其有关内容在实施中也都有某种程度的调整或采取某些优惠措施，这些对环境保护也有着一定的影响。增值税、企业所得税针对环境保护，也先后出台了一些税收减免、适用的税率等优惠政策。

上述税收法律法规和税收政策的出台大大增强了我国税收制度的绿色化程度。这些法律法规和税收政策的施行对资源综合利用、节能减排起到了积极的作用。但是独立的环境税税种尚未开征，环境税收体系也没有真正建立起来，因此，环境税的各项功能也没有得到充分的发挥。

### 三、环境保护税的酝酿与出台

自二十世纪七十年代我国开始实施改革开放以来，我国的社会生产力得到了解放与发展，国家的经济实力增强，在现代化建设方面快速发展，实现了从计划经济体制向社会主义市场经济体制的成功转变。经济的飞速发展，给人们带来财富与幸福，但同时在经济发展中不断加剧的环境问题也日益显现出来。只顾经济发展，无视环境利益不是可持续的发展策略。在经济发展的同时，如何保护环境、如何真正实现可持续发展，成为当今中国需要解决的重大问题。当然，环境问题是一个全球共同的话题，在应对环境问题的诸多策略中，税收手段的表现非常吸引眼球。环境税是建构于市场机制之上的运用税收手段来解决环境问题的策略，自二十个世纪六七十年代开始在西方国家实践。实践证明，在全球环境问题不断加剧的背景下，环境税的推行在一定程度上减少了环境污染，取得了比较好的效果。我国能否利用环境税制度来解决中国的环境问题，构建起有中国特色的绿色税收制度是摆在中国政府面前的一个现实问题。

面对我国严峻的环境污染情况和环境治理压力，中央高度重视环境财税政策和财税立法，有关推动环境税立法的文件频出。1992 年 8 月国务院批准发布《中国环境与开发的十大对策》，文件中提出各级政府应更好地利用经济手段和市场机制来促进持续发展和保护环境，其中包括试行环境税。2007 年国务

院公布《关于印发节能减排综合性工作方案的通知》(国发
〔2007〕15 号)提出制定和完善鼓励节能减排的税收政策,研究开
征环境税,此后多项规定陆续公布。2011 年《国民经济和社会发
展第十二个规划纲要》提出积极推进环境税费改革,选择防治任
务繁重、技术标准成熟的税目开征环境保护税,逐步扩大征收范
围。自此,我国环境税立法开始确立为环境保护税法方案。《中
共中央关于全面深化改革若干重大问题的决定》指出推动环境
保护费改税。2015 年 1 月 1 日《环境保护法》施行,其中第 43 条
第 2 款规定依照法律规定征收环境保护税的,不再征收排污费。
自此,《环境保护税法》呼之欲出。

　　2007 年 6 月,财政部、国家税务总局和国家环境保护总局成
立联合工作小组,组建专家团队,启动我国开征环境保护税的研
究工作。2015 年 6 月《中华人民共和国环境保护税法(征求意见
稿)》正式公布,并向社会广泛征求意见。

　　2016 年 12 月 25 日,第 12 届全国人大常委会第 25 次会议
审议通过《中华人民共和国环境保护税法》,自 2018 年 1 月 1 日
起施行。2017 年 12 月 25 日,国务院发布《环境保护税法实施条
例》(国务院令第 693 号),对环境保护税法的具体实施作了细化
解释和规定。自此,我国迈出了环境税立法最有力的一步,环境
保护税是我国首个明确以环境保护为目标的独立型环境税税
种,对于构建绿色财税体制、调节排污者污染治理行为、建立绿
色生产和消费体系等具有重要意义。2018 年 10 月,《环境保护
税法》进行了第一次修改,但仅仅是受国务院机构改革影响,把
环保主管部门表述改为生态环境主管部门。

　　为便于环境保护税法的实施,国家和地方密集出台了一系
列规章政策和解释,进一步细化和落实环境保护税的实施。国

家层面的政策文件,见表 3.1。如财政部、税务总局、环境保护部
《关于全面做好环境保护税法实施工作的通知》(财税〔2017〕62
号),国务院《关于环境保护税收入归属问题的通知》(国发
〔2017〕56 号,环境保护部《关于发布计算污染物排放量的排污系
数和物料衡算方法的公告》(环境保护部公告 2017 年第 81 号),
《关于停征排污费等行政事业性收费有关事项的通知》(财税
〔2018〕4 号),国家税务总局《关于发布环境保护税纳税申报表的
公告》(国家税务总局公告 2018 年第 7 号)和财政部、税务总局、
生态环境部《关于环境保护税有关问题的通知》(财税〔2018〕23
号)等规定。此外,地方层面也出台了配合环境保护税实施的政
策,部分省份发布了地方抽样测算方法,如四川省第三产业等小
型排污者和施工扬尘抽样检测方法(有效期五年)等。

表 3.1　我国有关环境保护税法律规定及相关文件(2016—2020)

| 发布时间 | 名　　称 | 文　　号 |
|---|---|---|
| 2016. 12. 25 | 环境保护税法 | 人大常委会通过 |
| 2017. 07. 21 | 财政部、税务总局、环境保护部关于全面做好环境保护税法实施工作的通知 | 财税〔2017〕62 号 |
| 2017. 12. 22 | 国务院关于环境保护税收入归属问题的通知 | 国发〔2017〕56 号 |
| 2017. 12. 25 | 环境保护税法实施条例 | 国务院令第 693 号 |
| 2017. 12. 27 | 环境保护部关于发布计算污染物排放量的排污系数和物料衡算方法的公告 | 环境保护部公告 2017 年第 81 号 |
| 2018. 1. 7 | 关于停征排污费等行政事业性收费有关事项的通知 | 财税〔2018〕4 号 |

续　表

| 发布时间 | 名　　称 | 文　号 |
|---|---|---|
| 2018. 1. 27 | 国家税务总局关于发布《环境保护税纳税申报表》的公告 | 国家税务总局公告2018年第7号 |
| 2018. 3. 30 | 财政部 税务总局 生态环境部关于环境保护税有关问题的通知 | 财税〔2018〕23号 |
| 2018. 5. 15 | 《工业固体废物资源综合利用评价管理暂行办法》和《国家工业固体废物资源综合利用产品目录》 | 工业和信息部公告2018年第26号 |
| 2018. 10. 25 | 财政部 税务总局 生态环境部关于明确环境保护税应税污染物适用等有关问题的通知 | 财税〔2018〕117号 |

# 第二节　我国环境保护税的理想化功能
## ——立法目的分析

## 一、《环境保护税法》设置立法目的条款的必要性

立法目的是一部法律所追求的理想化目标,同时是该法立法价值、立法原则和立法精神的体现,[①]也是一部分法律想要通过立法、执法实现的目标和立法内容通过法律的强制力实施所实现的效果。有关立法目的的作用与价值,学术界有分歧。持肯定观点的学者认为任何法律的制定与实施都是需要以某种目

---

① 陈雪平:《立法价值研究—以精益学理论为视阈》,中国社会科学出版社 2009 年版,第71 页。

的来进行有效开展。如果没有立法目的,法律的核心内涵就会变得模糊,法律的具体内涵也无法确定。而立法目的条款既可以协调立法时各方主体的利益,又可以评判立法质量的高低。它不仅是立法活动的重要方向指引和法律规范化、完整性的内在要求,而且是法律解释的重要标准和法律修改、完善的重要参考。① 而持反对观点的学者则认为"起草法律的每一个条款都有其目的,每一节、每一章、每一篇都有各自的目的,一部法律也有其目的,这些目的通常都用标题概括出来了,无需赘置一个专门的目的条款"。② 从我国立法实践来看,目前我国法律体系中由全国人大及其常委会、国务院制定的 292 部法律、行政法规中有 251 部设置了立法目的条款,所占比例达到了 86%。③ 没有设置立法目的条款的法律有 41 部。聚焦到我国税法领域,现行 18 部税收单行法律、法规中,未设置立法目的条款的有 13 部之多,占比达到 72%。由此可见,首先,立法目的条款并非每部法律法规的必设条款,我国《立法法》中无此强行要求。其次,从我国目前的立法实践来看,绝大多数法律法规中设置了立法目的条款。第三,聚焦到税法领域,我国现行税法体系中设置了立法目的条款的税收单行法仍占少数。但是笔者认为,在我国的《环境保护税法》中设置立法目的条款是非常有必要的,主要基于以下几点理由:第一,环境保护税法是我国现阶段环境政策与税收政策法律化的集中体现。我国的环境保护税既为保护环境而开征,又可发挥增加财政收入、通过专款专用原则筹集环保资金,还可发

---

① 韩佑:《法律文本中立法目的条款设置论析出》,山东大学法学院法理学 2014 年硕士学位论文,第 15—18 页。
② 吴大英:《比较立法制度》,群众出版社 1992 年版,第 664 页。
③ 同注释 9,第 19—23 页。

挥引导企业采用更加环保的生产经营方式,指引民众绿色消费行为的功能。《环境保护税法》中设置立法目的条款能将环境政策与税收政策在立法上进行集中的表达与昭示,使我们的环境保护税法可以更加凸显出其社会使命。第二,设置立法目的条款有利于提高环境保护税的社会可接受性。"徒法不足以自行",尤其作为一个新税种的开征,在总则部分开宗明义阐明该法的立法目的,宣示环境保护税开征的目的与价值,将有助于公众对环境保护税功能有更清晰、明确的认识,准确地履行义务和行使权利,进而提升该税种的公众可接受性;《环境保护税法》还是一部偏重于执行要素的法律,立法目的条款的精准构造,可以让执法者准确把握法律内涵,明确自身的定位,更好地吸收法律的核心价值及内涵并贯彻到全过程,更好地开展环境保护税的征收工作,进而减少征收成本,提高征管的效率。第三,需要考虑立法进程与时代背景。根据《深化财税体制改革总体方案》的部署,税收法定原则势在必行。在《环境保护税法》中设置立法目的条款,不仅仅是税收法定原则的彰显,也是对宪法中"环境保护""依法纳税"的呼应与落实,是落实依法治国方针的重要举措,立法目的条款可谓牵一发而动全身。第四,作为一个新开征的税种,环境保护税在开征的过程中可能会遇到种种纠纷,在法律条款无法涉及、处理纠纷的部分,可以上升法律原则进行裁判。而立法目的条款则提供了很好的原则范式与机能目的,塑造了本法的价值宗旨,亦可"作为今后司法解释或者论法批判得失之标准"。①

---

① 罗传贤:《立法程序与技术》,台北:五南图书出版股份有限公司 2002 年版,第 279—280 页。

## 二、《环境保护税法》立法目的条款的内容与我国环境保护税的理想化功能

从立法技术上来看,一般立法目的在法条总则"第一条"中加以规定。在 2015 年国务院公布的《环境保护税法(征求意见稿)》中的第一条规定了"保护和改善环境,促进社会节能减排,推进生态文明建设"。到了 2016 年 8 月 29 日第十二届全国人民代表大会常务委员会第二十二次会议首次审议《环境保护税法(草案)》时,该草案第一条规定"为保护和改善环境,减少污染物排放,推进生态文明建设"。2016 年 12 月 25 日第十二届全国人大常委会第二十五次会议上通过的《环境保护税法》第一条保留了草案第一条的内容。我国开征环境保护税的理想化功能在《环境保护税法》第一条有关立法目的的规定中得到集中体现——"为了保护和改善环境,减少污染物排放,推进生态文明建设,制定本法"。

### (一) 环境保护税首要功能——环保功能

在我国《环境保护税法(征求意见稿)》中将保护和改善环境,促进社会节能减排作为环境保护税法的两项主要表述,到《环境保护税法》实施版中将其修改为"为了保护和改善环境,减少污染物排放",行文措辞的调整,更多体现的是立法功能和手段的限定,即节能减排的主力——资源税暂不纳入环境税的体系中,环境保护税所囊括的更多在于"废水、废气、固体废物、噪音"这四类污染物主体的征收上,是过去"排污费"的税负平移。但是将环保功能作为环境保护税法首要功能和整体追求的思路

并未改变,即《环境保护税法》的出发点为保护和改善环境,手段为减少污染物排放,价值追求仍在于"生态文明建设"。当前,《环境保护税法》在我国以环保功能为主。

无论是针对环境税的理论研究,还是各国有关环境税的立法和税制设计中,都存在着环境税的环保功能与财政收入功能究竟哪个排在首位的问题。西方国家推行环境税的实践开始于二十世纪的六七十年代。他们的实践证明了环境税在节能减排、治理环境方面的作用,同时也说明税制绿化(Greening Tax System)是一个渐进的过程。从几个单一的环境税种开征,到环境税收体系的整体构建,需要循序推进。环境税的功能要充分发挥还需要其他配套制度的跟进与配合。回顾环境税收制度在西方国家的发展历程,主要可以分为以下几个阶段:

第一个阶段——无意识的税收措施

二十世纪初至二十世纪五十年代,全球环境问题尚未充分显现,人们对环境保护的重要性还没有充分认识,这一阶段西方国家工商业迅速发展。政府针对高能源消耗和污染采取了一些税收措施。这些措施实施后的效果是国家增加了财政收入,纳税人要为能源消耗和污染行为付出代价,因此,会主动降低能耗,减少排污,这些措施客观上起到了治理环境的效果。但是无论是政府还是纳税人都是无意识行为,并未把环境保护作为目标。

第二个阶段——个别环境税税种的开征

二十世纪六七十年代,西方国家工业化发展如火如荼,在获得经济飞速发展的同时也造成了非常严重的环境污染问题。这一时期集中爆发的"八大公害事件"为世界敲响警钟。工业的发展不能以牺牲环境为代价。肆意破坏自然环境,滥用自然资源最终受到惩罚的是人类自己。这些公害事件引起全球关注,西方国家意识到环境保护的重要性。最早是北欧国家开始开征独立的环境税税种,希望借助环境经济手段来控制污染排放,解决日益严重的环境问题。早期的环境税实践取得了明显的减排效果,为环境税在其他国家的推行起到了积极的示范作用。

第三个阶段——全面税制绿化和税收体系的构建

二十世纪九十年代末至今,随着环保技术的发展和人们环保意识的增强,加上全球性环境危机的陆续爆发,激发了各地自上而下转变发展的决心。各国的环境税发展从个别环境税税种的陆续开征到系统构建绿色环境税制。针对各种主要污染物的排放、能源消耗等问题,新的环境税税种在各国陆续开征,并逐渐形成体系。原有的与环境保护相关的税种和税收措施也得到调整,向着有利于环境治理的方向进行调整和改革。最终,一系列税收法律"打包"形成绿色税收体系,建立各部门间良性的协同征管体系,实现绿色发展的最终目的。如欧盟就将环境税整合成四大类:能源税、交通税、污染税和资源税,包含了上百种环境税种。

在西方环境税收制度发展的前两个阶段,除了环境问题外,面对经济危机和"滞胀"现象,财政赤字问题也是政府面临的重大困扰,在这一背景下,环境税的财政功能就愈发明显,各国政府的注意力开始较多地关注环境税的财政功能。通过环境税征收获取财政收入,再将这些收入运用到环境治理项目或者其他基础设施中去,如美国就将环保税收入大量运用到修建公路等基础设施上[1],曾一度高达50%。这一举措大大降低了政府的财

---

① 李继嵬:《美国环境税研究》,吉林大学 2018 年博士学位论文,第 99—103 页。

政压力,同时也有一定的引导作用。从第三个阶段开始,随着环境税收制度的推行,学术界特别是经济学界"双重红利"假说的提出、发展到流行,使得各国政府对环境税的功能视域得到进一步扩大,环保税的职能得到了延伸和扩张,环保功能和其他社会效益功能突显。因此,西方国家在环境税功能上经历了一个以财政收入为主到环境税环保功能、财政功能和其他功能并举的过程。实施环境税为这些国家的降低污染物排放、提升环境质量带来了明显的效果。较早推行环境税的国家通过环境税的实施逐步建立起环境税收法律体系,持续享受了环境税的环保功能、激励功能和调控功能所带来的红利。美国是世界上最大的工业国和污染国,通过实施环境税也在一定程度上实现了环保效应、经济效应和社会进步效应,起到了正向引导的作用。

总结欧美发达国家的环境税发展经验,在可持续发展、生态文明成为时代主题的今天,推行环境税刻不容缓,而且应该重视环境税的环保功能,把环境税的环保功能放在首位,充分发挥环境税在治理环境、解决环境问题中的积极作用。

近年来,我国环境污染事件屡有发生,且污染规模日益扩大,环境损害程度日益加深,对人的影响也越来越大,先污染后治理的老路已经走不通。我国开征环境保护税主要的目的是应对严峻的环境保护形势、治理我国的环境污染问题。同时也是转变经济发展方式,改变原有粗放型经济模式、完善环境税制、实现税收法定和深化税制改革的契机。因此,在此背景之下推出《环境保护税法》,应以环保功能作为首要的立法目的。但是,环境税的环保功能与财政功能并非水火不容,在充分利用环境税环保功能达到节能减排效果的同时,我们还需运用好环境税的经济调控功能,为环保事业筹措资金,促进环保功能的发挥;

用税收刺激产业转型升级,促进资源利用率,促进环保产业的发展。

### (二) 环境保护税与生态文明建设

生态文明建设是建设有中国特色社会主义的重要内容,它事关千千万万老百姓的福祉,关系着国家发展的未来。在党的十八大报告中深刻阐述了生态文明建设的主要内容,在 2018 年宪法修正案中把生态文明建设写入宪法。生态文明建设要摆在首位,要融入经济建设、政治建设、文化建设和社会建设的各个方面。生态文明制度建设是生态文明建设的重要组成部分,而构建环境税收制度是生态文明制度建设的要求。2018 年开始施行的《环境保护税法》推出了独立的环境税税种,并将推进生态文明建设作为立法目的写入了第一条,明确了环境税收体制构建的目标——为推进生态文明建设构建健全的环境税收制度。《环境保护税法》的出台是我国环境税收体制构建的关键性步骤,但这只是开始。如何充分发挥环境保护税的环保功能,达到控污减排、治理环境的目标,并以环境保护税的出台为契机,积极推进进一步的税制绿化,适时开征其他环境税税种,促进低碳经济的发展、提高资源开发利用率,减少对生态环境的破坏是环境税收体制改革的方向与目标。

## 第三节　我国环境保护税立法原则
## ——以社会可接受性为视角

在我国的环境保护税立法工作中,要实现环境保护税制度与现行税制的顺利对接,破解环境保护税征管中的技术难题,更好地发挥环境保护税的应有功效,有许多立法上的难题需要攻克与解决。在《环境保护税法(征求意见稿)》征求意见的过程中,许多专业人士都对环境保护税开征后的实际效果表示了担忧。我国的《环境保护税法》中基本上依照"税负平移"原则将排污费制度进行平移,环境保护税能否发挥理想化功效,实现所谓的"双重红利"是各界关注的焦点,尤其是相关行业对环境保护税的开征接受程度有限。因此,提高环境保护税的社会可接受性,进而提升纳税人的税收遵从度,是顺利推进环境保护税立法与征管工作的关键,也是更好地体现环境保护税的优势、实现环境保护税功能的重点与难点问题。

## 一、税收法定原则

税收法定原则,又称税收法定主义、税收法律主义,是税法最重要的基本原则,是民主原则和法治原则等现代宪法原则在税法上的体现。[①] 在关于税收法定原则内涵的理解方面,虽然中外学者有不同的表述和概括方式,但其实质是一致的,一般认为税收法定具体包括三方面的要求——课税要素法定原则、课税要素明确原则以及课税程序法定原则。税收法定原则,既包括对税收立法的要求,也含有对税收执法的要求。具体来看,税收法定原则要求税法主体的权利义务必须由法律加以规定,税法的各个要素也只能由法律加以规定。没有法律的规定,国家不能征税,任何人也不能被要求纳税,同时,税款的征收应依照法

---

① 张守文:《财税法疏议》,北京大学出版社 2005 年版,第 16 页。

定的程序。法律对课税要素、税款征纳程序的规定还必须尽量明确,以避免出现漏洞或歧义。税收法定原则的价值在于通过法律对国家的征税权进行制约和对公民的纳税义务进行界定,防止国家征税权被滥用,同时也保护公民财产不受非法征税的侵害。

税收法定原则是将环境税手段的使用,纳入法制化轨道、构建环境税法律制度的最为重要和直接的理论根基。[①] 环境税法律制度作为税法制度的组成部分,必须受到税收法定原则的规范和指引。在环境税的立法工作中,要遵从税收法定原则,具体表现为:第一,环境税的课税要素由法律加以规定,非经法律规定不可随意开征新的环境税税种,环境税的征纳主体、计税依据和环境税税率也只能由法律加以规定,要遵循税收法定原则。第二,结合我国实际,在环境税推行中,我国要实现费改税,要强调税收法定原则。我国现行的排污费制度为治理污染筹措了资金,为我国的环保事业作出了重要贡献,但是该制度立法层次低、征收不规范,在征收过程中容易滋生地方保护主义。在环境税的推行中涉及税费的协调、衔接直至实现费改税这一关键性环节,此过程应遵循税收法定原则。将现有的一些不合理的收费项目予以清除,将其中一些具有环境税收特征的收费项目税收化、法律化,最终实现费改税的目标。第三,对与环保有关的税收措施进行清理,应体现税收法定原则。在1994年我国进行税制改革前,既有的税制中已经存在着一些有利于环保的税收措施,这些措施在税制改革后得以延续。从我国现行税制下与环保有关的税收措施的内容可以看出,这些税收措施相当零散,

① 李传轩:《中国环境税法律制度之构建研究》,法律出版社2011年版。

不成系统;所提供的增值税优惠偏多,而所得税政策调控力度不够。从效力上看,这些税收措施往往具有临时性,缺乏稳定性,不利于企业作长期投资决策。而且各种税收措施在调整范围、税收优惠内容上存在着交叉,破坏了措施的规范性和严肃性。在环境税立法过程中,对这部分税收措施应进行集中清理,该合并的合并,该更新的更新,实现这部分措施的规范化、系统化。第四,环境保护税的征收程序应由法律予以明确,税务人员在执法过程中应严格遵循相关法律规定。我国受大陆法系传统影响较深,在税务实践中往往出现重实体、轻程序的现象。在税务执法中,也存在着只要将税款收上来就行,而不重视税款征收程序是否合法的现象,实践中许多涉税纠纷往往是由税务人员程序违法行为引发的。环境税立法方案的真正实施效果与环境税的征收程序密切相关。而且由于环境税的特殊性,在征收过程中还可能涉及税务部门与环保部门联合执法的问题,因此,在环境税的征收过程中,更应强调税收法定原则,相关部门必须严格依照法定的征收程序,完成环境税的税款征收工作。

　　作为我国《立法法》确定税收法定原则后制定的第一部税收单行法,《环境保护税法》在制定过程中切实贯彻了税收法定原则。《环境保护税法》对我国环境保护税制的各个课税要素都作了相对具体、明确的规定,对环境保护税征收的过程也作了总体上的规定。《环境保护税法》立法的过程也符合税收法定的程序要求,符合《立法法》的各项要求。但是,无论是从理论上还是从实践层面来分析,现行《环境保护税法》的许多规定还需要进一步细化,以符合实践的可操作性需求,例如有关环境保护税的征管程序,环保部门与税务部门的权责、信息共享交流的具体流程。另外对于环境保护税制度中纳税人权益的保护,包括纳税人权益受损后的法律救济在现行《环境保护税法》中没有进行明确规定，这是一个需要进行补充规定的重要内容。2018 年实施的《环境保护税法实施条例》补充、细化了《环境保护税法》的一些规定，但是上述问题还是存在，期待《环境保护税法》的进一步完善。

## 二、环境保护税与税收公平原则

税法的社会可接受性，是指社会公众对国家的税法制度所规定的征税理由、征收范围等内容，基于认可和认同而形成的主观评价，体现的是税法价值、执行方式和大众认识、情理预设的相容程度。[①]

环境保护税在我国是一个全新的税种，而且是第一个独立的环境税税种。在对环境保护税环保功能充满期待的同时，人们对它的税制设计、全新的征管模式无不充满好奇。在环境保护税开征后，人们对环境保护税的上述内容能否认可，关系到纳税人的税收遵从度，直接影响环境保护税的增收成本和效率，也将影响环境保护税功能的发挥。

公平是法律的基本价值追求，美国经济学家斯蒂格利茨指出，"判断一个良好税收体系的第一标准是公平……第二个重要标准是效率"。[②]影响环境保护税功能发挥的因素很多，其中非常重要的一项是该制度是否建立于公平与效率的基础之上。环境税是建构于市场经济基础之上的一项环境经济工具，社会主义市场经济讲求效率，兼顾公平。保障平等主体在公平合理的

---

① 参见靳文辉：《税法的社会可接受性论纲》，《甘肃政法学院学报》2015 第 6 期。

② 参见［美］斯蒂格利茨：《经济学》，郭晓惠等译，中国人民大学出版社 1997 年版，第 517 页。

环境下展开竞争,平等的市场主体获得均等的机会。而环境保护税的推行能否以公平为基础,这是一个重要的问题。

第一,环境税理论基础的核心就是公平。在工业文明发展的进程中,出现了掠夺环境资源、滥用自然资源、肆意破坏生态环境的不正常现象。出现这些现象的重要原因是自然资源、生态环境具有公共物品的非排他性和非竞争性的特征。再加上理性经济人对自身利益最大化的追求,最终导致"公地悲剧"模型中的遗憾变成现实。自然资源非特定主体所独有,自然环境被破坏受到危害的是全人类。让全体人为少数人为谋求一己私利而破坏自然环境的行为"买单"是极大的不公平。因此,环境污染者、破坏者以及环境资源的滥用者、受益者应该付出相应的代价。虽然他们对环境自然造成的损害是不能完全复原的,因为自然环境无法再造重生,但是把他们为此付出的代价用于环境治理和环保事业,是最公平的选择。环境税被设计出来就是要污染者为污染行为承担责任,要自然资源的使用者为使用自然资源付费,这是公平原则的要求与体现。

第二,环境税制中对公平原则的诠释与界定是对公平原则的发展。公平的内涵中包括了形式公平与实质公平。形式公平强调机会均等,程序统一;而实质公平会考虑主体的具体情况,追求结果公平。环境税首先应讲求形式公平,所有对自然资源造成了污染的主体都需要按照环境税法的规定对其污染行为及其造成的后果缴纳环境税。环境税更应追求实质公平,在税制设计环节要考虑地区差异、行业差异,要考虑不同收入人群对环境税负的负担能力。如何将环境税负在不同行业、不同区域的企业、不同的消费者之间公平分配是环境税制设计的关键问题,它会影响民众对环境税的接受度和税收遵从度,更关乎环境税功能的发挥。

从地域差别看,我国幅员辽阔,各地区自然资源分布、经济发展水平都存在较大差异,东部地区经济发达,工业发展速度快,但是同时能源消耗大,面临的环境污染问题严重。中部地区经济发展潜力巨大,而西部地区自然资源储备丰富,这个区域的煤炭蕴藏量占全国约 80%,自然保护区面积占全国比重约 83%,①但现阶段经济发展相对滞后。在如果针对不同区域划定统一的环境税征收标准,显然是有违实质公平的。在《环境保护税法》中没有规定针对不同地域的差别税率,但是在《环境保护税税目税额表》对大气和水污染物的税额规定了一定的幅度。根据我国《环境保护税法》及其实施细则的规定,省级人民政府可以根据本省的实际情况和特殊需要制定大气污染物和水污染物的具体适用税额以及每一排放口征收污染物项目数、其他固定废物的具体范围、养殖场的规模化标准和抽样测算方法。从各省拟定的税额标准看(见表 3.2),除了京津冀、上海、江苏、山东等地区税率较高外,其他省份的税率均采用了国家规定的最低限或略高于最低限,各个省也没有增加同一排放口征收污染物的项目数。

表 3.2　全国 31 个省(市)环境保护税税额拟定标准②

| 序号 | 地区 | 大气污染物/(元/污染当量) | 水污染物/(元/污染当量) | 大概税负变化 |
|---|---|---|---|---|
| 1 | 北京 | 12 | 14 | 提标 |

① 参见马中等:《论环境保护税的立法思想》,《税务研究》2014 年第 7 期。
② 葛察忠、龙凤,董战峰等:《中国环境税收政策发展报告(2018)》,中国环境出版集团,第 23—25 页。

续　表

| 序号 | 地区 | 大气污染物<br>/(元/污染当量) | 水污染物<br>/(元/污染当量) | 大概税负变化 |
|---|---|---|---|---|
| 2 | 天津 | 氮氧化物8；<br>二氧化硫、烟尘、一般性粉尘6；<br>其他1.2 | COD、氨氮7.5；<br>其他1.4 | 平移 |
| 3 | 河北 | 按区域分档：<br>一档：主要污染物9.6；<br>其他污染物4.8；<br>二档：主要污染物6；<br>次要污染物4.8；<br>三档：4.8 | 按区域分档：<br>一档：主要污染物11.2；<br>其他污染物5.6；<br>二档：主要污染物7；<br>其他污染物5.6；<br>三档：5.6 | 提标 |
| 4 | 山西 | 1.8 | 2.1 | 提标 |
| 5 | 内蒙古 | 1.2 | 1.4 | 平移 |
| 6 | 辽宁 | 1.2；2020年再研究确定 | 1.4；2020年再研究确定 | 平移 |
| 7 | 吉林 | 1.2 | 1.4 | 平移 |
| 8 | 黑龙江 | 1.2 | 1.4 | 平移 |
| 9 | 上海 | 2018年：二氧化硫6.65；<br>氮氧化物7.6；其他1.2<br>2019年：二氧化硫7.6；<br>氮氧化物8.55；其他1.2 | COD、氨氮4.8；<br>其他1.4 | 平移 |
| 10 | 江苏 | 南京市8.4；无锡市、常州市、苏州市、镇江市6；其他4.8 | 南京市8.4；无锡市、常州市、苏州市、镇江市7；其他5.6 | 提标 |
| 11 | 浙江 | 1.2；四项重金属污染物1.8 | 1.4；五项重金属污染物1.8 | 平移 |
| 12 | 安徽 | 1.2 | 1.4 | 平移 |

续　表

| 序号 | 地区 | 大气污染物/(元/污染当量) | 水污染物/(元/污染当量) | 大概税负变化 |
|---|---|---|---|---|
| 13 | 福建 | 1.2 | 五项重金属、COD 和氨氧1.5;其他1.4 | 平移 |
| 14 | 江西 | 1.2 | 1.4 | 平移 |
| 15 | 山东 | 二氧化硫、氮氧化物6;其他1.2 | COD、氨氧和五项重金属3;其他1.4 | 提标 |
| 16 | 河南 | 4.8 | 5.6 | 提标 |
| 17 | 湖北 | 二氧化硫和氮氧化物2.4;其他1.2 | COD/氨氧、总磷和五项重金属2.8;其他1.4 | 平移 |
| 18 | 湖南 | 2.4 | 3 | 提标 |
| 19 | 广东 | 1.8 | 2.8 | 平移 |
| 20 | 广西 | 1.8 | 2.8 | 提标 |
| 21 | 海南 | 2.4 | 2.8 | 提标 |
| 22 | 重庆 | 3.5 | 3 | 提标 |
| 23 | 四川 | 3.9 | 2.8 | 提标 |
| 24 | 贵州 | 2.4 | 2.8 | 提标 |
| 25 | 云南 | 2018 年：1.2;2019 年起2.8 | 2018 年1.4;2019 年起3.5 | 平移 |
| 26 | 西藏 | 1.2 | 1.4 | 平移 |
| 27 | 陕西 | 1.2 | 1.4 | 平移 |
| 28 | 甘肃 | 1.2 | 1.4 | 平移 |
| 29 | 青海 | 1.2 | 1.4 | 平移 |
| 30 | 宁夏 | 1.2 | 1.4 | 平移 |
| 31 | 新疆 | 1.2 | 1.4 | 平移 |

　　环境税具有累退性,也就是说对税负负担能力强的人只承担较低的环境税税负,而负担能力弱的人反而承担了较高的环境税税负。以家庭为例,因为环境税的开征,例如能源税、相关的消费税,会直接或间接地导致一些生活必需品价格的提高。尤其是家庭必需使用的能源也会因为环境税的开征而导致价格增长。越是低收入家庭其生活必需品在家庭总收入中的占比越高。这就意味着低收入人群实际上负担了更多的环境税税负。环境保护税明显的累退性导致了收入分配的不公平,甚至动摇到环境税的合法性,[①]这既违背了税法中的量能课税原则,也不符合实质公平的要求。人们因此对环境税产生抵触情绪,环境税的社会可接受度受到影响。实际上,低收入人群因为工作环境、医疗健康水平、生活环境和收入水平的原因,他们受到环境污染的影响更大。如何破除环境税累退性的影响,让低收入人群更多享受环境税环保功能所带来的环境福利,各国采取了很多措施。总体而言都是通过补偿机制,可以通过直接的补贴或是针对低收入人群制定税收优惠政策,又或是通过降低其他税收税率的办法。要从根本上解决环境税累退性对低收入人群造成的影响要通过税制的改革与完善来达成。

　　从行业的角度看,《环境保护税法》实施后对高污染高排放行业影响大。因为环境保护税的征税范围主要包括大气污染物、水污染物、固体废物和噪声四大类,因此,大气污染物排放行业和水污染排放行业受影响最大,尤其是大气污染物排放行业,具体涉及有色金属冶炼及压延加工业、化工、电力、热力生产和供应业等。环境税开征后,2018 年上半年环境保护税税收收入

_____

① 参见王慧:《论环境税的立法策略和立法原则》,《税务与经济》2010 年第 5 期。

的主要来源集中于钢铁、火电、石油和化工等行业。而环保行业是环境保护税开征受益最大的行业。面对新开征的环境保护税,相关行业必须积极应对,调整价格战略、生产规模,进行转型升级。长远来看,环境税倒逼企业进行革新,对行业优胜劣汰和转型升级的效应有利于行业的健康发展。

综上,为实现税收公平,在我国环境保护税立法中应充分考虑我国行业发展与区域发展的明显的差异性。针对受环境保护税开征冲击较大的行业,采取给予一定补偿、税收减免或出口退税等措施,以缓解环境保护税开征,尤其是在开征初期,对这些行业和相关企业形成的竞争压力。而针对区域发展的差异性,则应考虑在环境保护税开征初期采用部分地区试点先行、逐步铺开的做法,针对特定区域给予税收减免或制定有差别的税率,在一定程度上缓解各区域间因发展不平衡而产生的实际税负差异问题。

第三,环境公平以可持续发展理念为基础,创造性地提出了时间维度的公平概念——代际公平与代内公平。环境税不仅要将税负在当代人之间进行公平分担,还要考虑当代人与后代人之间税负公平问题。社会环境成本的计算不但要考虑到代际内的外部成本,更应重视环境资源消费的外部成本在时间上的延续。要将那些对后代人的生存和发展造成的损害纳入社会成本之中。[①] 当前我国环境保护税的推行要将代际外部成本纳入环境税制当中,技术难度大,但至少在立法、征管中树立可持续发展理念。尤其是在将来的环境税收体系整体构建中要考虑代际

---

① 参见吕忠梅:《超越与保守——可持续发展视野下的环境法创新》,法律出版社 2003 年版,第 317、306 页。

公平和代际成本的问题。

## 三、环境保护税与征管效率

税收效率是税收法律制度的价值追求,也是环境保护税制度设计的重要目标。提高环境保护税的征管效率将增强公众对环境保护税功能的信心,有利于更好地实现环境保护税的功能。反过来,如果公众对环境保护税方案接受程度高,税收遵从度高,又将转而降低环境保护税的征收成本,进一步提高环境保护税征收工作的效率,彼此形成一种良性的互动。关于环境保护税的效率,有学者提出了三重效率说,即认为环境保护税的效率体现在宏观经济运行效率(有利于经济效益的提高和宏观经济的稳定增长)、微观经济运行效率(对企业与消费者的微观经济和环境效益)和税收效率(税务行政效率)三方面。[①] 实际上,环境保护税的开征一方面要体现经济效率,即用较小的征收成本去筹集较大的税收收入,另一方面也要考虑其对国家宏观经济、对相关行业的企业与消费者的影响,但更关键的是在征收过程中用尽可能小的征收成本去实现环境保护税的环境效益。从各国环境税施行的情况看,环境税相较于传统的命令控制环境管理手段,其最大优势在于建构于市场机制之上,能够以最小的成本来完成环保治理的任务,被认为是迄今为止最有效率的环境管理方式。但这种高效率性能否从理论上的设计最终落实为实践中的效果,却受制于诸多因素,其中最关键的是税率的设定、

---

[①] 参见王金南等编著:《环境税收政策及其实施战略》,中国环境科学出版社 2006 年版,第 50 页。

征管体系的高效运作以及市场机制的完善。

## (一) 环境保护税的税率设定

环境税的概念源于英国福利经济学家庇古（Pigou）在外部性理论基础上提出的庇古税。在外部性理论的视野下，污染者的污染行为具有显著的负外部性，污染者所承担的私人成本与全社会因为其污染行为而承担的社会成本之间存在差额，这种差额的产生既造成污染者的污染行为由全社会为之分担成本的不公平现象，又导致了污染行为无法有效遏制的后果。环境税通过对污染者征收税收的方式，填补私人成本与社会成本之间的差额，即私人成本 + 环境税 = 社会成本。污染者缴纳环境税实现了私人成本与社会成本的均衡，承担了污染行为的全部成本，从而使负外部效应性最终内部化。对环境污染等具有负外部性的行为征收庇古税，可以使扭曲的市场得到纠正从而提高资源配置效率。但该机制完美运作的前提是环境税恰好能填补私人成本与社会成本之间的差额，惟其如此污染行为的负外部性方能完全内部化。否则如果环境税＜社会成本-私人成本，环境税征收额过低，其功能将受到影响，无论是刺激效应还是筹资功能都将被弱化。以排污税为例，如果 A 企业排放的每吨污染物将被课征 1000 元的排污税，而如果 A 企业削减每吨污染物的成本只有 500 元的话，那么 A 企业花费了 500 元的成本削减污染而避免被课征 1000 元的排污税，A 企业对削减污染会非常有积极性，环境税的刺激功能得到发挥；但是倘若排污税的税率过低，A 企业排放每吨污染物只被课征 300 元的排污税，而 A 企业削减每吨污染物的成本至少需要 500 元的话，那么 A 企业将宁愿选择缴纳税款，而不愿积极削减污染，这样一来排污税的刺激功能与筹资功能都无法充分发挥。反之,如果环境税>社会成本-私人成本,过高的环境税可能导致污染者绕开环境税,宁愿选择其他非法途径来处理环境污染物。因此,税率的高低直接关乎环境税功能的发挥,影响到环境税的有效性。

从技术角度看,要准确测算私人成本与社会成本,并计算出二者的差值,进而确定环境税税率,首先这在技术上有相当难度。同时,在这个过程中,需要大量的相关信息,而这些信息的获取或者需要相当的成本,或者根本是无法获得的。在《环境保护税法》中规定主要的征税对象是四大类的污染物,在应纳税额的计算上主要采用污染当量乘以具体适用税额的方法。其征收税额的标准与现行的排污费征收标准是基本持平的。这一做法反映出立法者考虑到在我国环境保护税的征收伊始控制排污税的征收标准,不增加纳税人的税负,以有利于该税种的推行。但存在的问题是原有的排污费征收标准实际上是偏低的,照此标准征收的排污税额是小于社会成本与私人成本之间的差值的,那么排污税的征收的效果将大打折扣,环保目标的实现也将受到影响。

### (二) 环境保护税征管体系的运作

税收征管体系的健全以及高效运作,将显著降低环境保护税的征收成本,有效提高环境保护税的征管效率。在我国现行税制下,税款的征收职能一般均由税务部门完成。[①]《环境保护税法》中规定环境保护税的征收采取"企业申报、税务征收、环保协同、信息共享"的征管模式。这一模式中突出的亮点是"税务

---

① 除进出口税由海关部门代征,参见《海关法》第2条。

征收、环保协同"，按照这一构想在环境保护税征收的过程中需要税务部门与环保部门的协作、配合，主要原因是考虑到环境保护税征收涉及对排污量等环保数据的测定和估算，需要各级环保部门的参与，税务部门在环保部门测算或估算的数据基础上完成税款的征收工作。就目前情况来看，税务部门确实无法独立完成环境保护税的征收工作，因此在环境保护税开征之初采取这种征管模式是适宜的。但是这一模式有可能在征管中形成环保部门主导的局面，之前的排污费基于其行政性收费的性质，其征收是由环保部门独立完成的，而环境保护税作为一个新开征税种，税务部门仅负责税款征收工作，计税依据的确定、环境保护的稽查等重要职能将由环保部门实际完成，这种模式将造成公众对环境保护税究竟是税还是费的困惑，也容易影响税务部门对环境保护税征管工作的积极性，这都将最终影响环境保护税的征管效率。因此，环境保护税在开征之初采用"税务征收、环保协同"的模式是合理的，但在征收的过程中，税务部门应建立环境保护税税收征管人才培养机制，在税务系统中着力打造能胜任环境保护税独立征管的人才队伍，重点在于对环境保护税征管和排污量核算等相关知识的强化和实践经验的积累，待时机成熟将环境保护税征管模式调整为税务部门独立征收。

### (三) 环境保护税与完善市场机制

环境保护税应致力于解决市场经济体制下的环境"外部性问题"，市场无法自我矫正，需要政府动用税收杠杆来对破坏环境的行为课征环境保护税，以此矫正相关市场主体有害环境的行为。环境保护税作为一种自我调节的手段，一旦开征，市场力量就会发挥功效，"自动"解决相关问题，而不必像管理——控制手段,付出高额的管理、监督、执行成本,因此,环境保护税是借助市场力量解决环境问题的一项高效率措施。从各国环境税的征收实践来看,发达国家的环境税征收之所以比发展中国家更有成效在很大程度上正是由于其市场机制的完善和有效运行。

环境保护税开征后,健全的市场机制将环境税形成的明确的价格信号及时传递到市场主体,引导各市场主体针对价格信号调整其发展策略。在完善的市场机制下,作为市场主体的企业对市场信号非常敏感,受价格信号的刺激,会及时采取措施,在经营过程中更加注重降低包括环境成本在内的所有成本,注重树立企业的绿色形象,进而使得环境保护税所具有的外部成本补偿、环境行为激励和优化资源配置等功能得以实现。对消费者而言,在市场机制下,环境保护税的开征增加了高污染、高能耗产品的销售价格,消费者将减少对此类产品的购买,转而选择价格相对较低的低污染、低能耗产品。长此以往,一方面环保产品、清洁产品将逐步占领市场,取代高污染、高能耗产品;另一方面在反复多次的消费活动中,消费者的消费观念发生转变,不仅考虑产品的价格因素,还考虑产品的环保节能。消费者消费行为、消费理念的变化又将对企业的生产、销售行为产生重要影响作用。

因此,环境保护税功能的发挥和高效率运作都必须以完善的市场机制建立和有效运行为前提,其中关键是市场价格体系的完善。完善市场机制建设,重点在保证市场主体的独立性,保证市场机制的有效性,要着力清除造成价格信号扭曲的各种干扰因素,形成有效的价格——行为传导机制。这将为环境保护税发挥激励调节作用、实现环保目标创造有利条件。

## 四、环境保护税的税收中性

作为税法学中的一项重要原则,税收中性原则以市场经济的自由运行为主旨,强调市场机制的自我调节,其基本内涵是税收不应干预市场经济运行,避免政府征税行为对资源配置造成扭曲,应充分发挥市场机制对资源的配置作用。在当前建设社会主义市场经济的条件下,倡导税收中性原则是有必要的。通过尽可能减少税收对经济的干扰"度",压低因征税而使纳税人或社会承受额外负担的"量",促进市场活力和经济增长。[①] 当然,税收中性中的"中性"应当是一种相对中性,即国家在征税的同时应尽可能减轻税收对市场经济的干扰,尽量采取相关措施减轻纳税人因税收而承受的额外负担。客观上税收中性原则的实施有利于提高人们对新税种的接受性和税收遵从度。

纵观各国环境税征收的进程,可以看到各国为推进环境税开征,实现环境税的预设功能都在不同程度上贯彻了税收中性原则,以此化解环境税开征的阻力,并取得了比较好的效果。以OECD成员国为例,它们在开征环境税的同时,为保持税负基本不变,都在一定程度上采取了体现税收中性的措施——相应降低其他税种的税负,或是将环境税收入用于补贴。例如瑞典在1990年开始对释放二氧化碳、二氧化硫等行为征税,并降低了所得税和公司税税率;丹麦自1994年开始进行了围绕环境税的税制改革;1996年丹麦政府开始对二氧化碳、二氧化硫征税,而且税率逐步调高,这项税收收入就用于了对节能项目的投资资助

---

① 参见刘剑文:《经济转型视野下财税法之定位与形塑》,《法学论坛》2014年第4期。

和以降低劳动者的社保费用的方式返回给了相关企业。

在当前的税收制度下,我国的税负总体水平不低,环境保护税作为新税种开征后势必给我国相关行业、企业纳税人增加税收负担,一定时期内和一定程度上影响相关企业竞争力。消费者也担心因为环境保护税的开征,企业将通过提高产品或服务价格的方式将税负转移到自己身上。这是我国当前推行环境保护税的阻力之一。为了提高环境保护税的可接受性,结合新一轮的税制改革,我国环境保护税立法应以贯彻税收中性、不过度加重企业整体税负为原则,具体应从以下几个方面着手:第一,科学合理地设置环境保护税的税率、课税对象等,逐步扩大征税范围、有步骤地提高征税税率;第二,调整我国其他税种的税负,以维持相关企业的总体税负,例如适当调低企业所得税税率;第三,对低污染产业采取差别化的税收减免措施,例如对企业使用可再生能源给予税收扣除,以激励、引导企业采取更为环保的生产方式;第四,在环境保护税收入的使用上,可通过投资、资助环保项目等方式返还给相关企业。

## 五、环境保护税的公众参与

在环保事业中各国政府往往起着主导作用,但因为环境问题的产生与发展并非一时一人一事造成,环境问题又与公众切身利益息息相关,因此社会公众的广泛参与已成为推进环保事业的重要动力。环境法中的公众参与是指公众有权平等地参与到与环境保护有关的立法、执法、司法的全过程。公众参与原则已成为许多国家环境法的基本原则,有不少国家在环境保护管理工作中贯彻了这项原则。

在我国环境保护税立法的推行工作中,贯彻公众参与原则将增强这一新税种的可接受性。公众可以通过参与环境保护税的立法、决策,进一步了解环境保护税的功能、特点、征收范围等要素,消除公众对新税种开征的疑虑和担忧。在此基础上也将打开一个通道,使公众能顺畅地表达自己对环境保护税这一新税种的诉求和立场。尤其是对于与环境保护税开征密切相关的行业,他们对环境保护税开征的意见、建议将为环境保护税的制度设计提供重要参考。

在环境保护税的立法过程中和未来环境保护税的征管工作中要将公众参与落到实处。首先,需要保障公众对环境保护税开征工作的知情权,因为知情权是保障公众参与的前提和基础。2015 年 6 月 10 日国务院法制办将财政部、税务总局、环境保护部起草的《环境保护税法(征求意见稿)》)及说明全文公布,向社会各界公开征求意见,让公众能及时了解环境保护税立法工作的进程和成果,充分保障了公众的知情权,进而使公众得以表达诉求、提出建议。在接下来的环境税相关立法和征管工作中,相关政府部门还应多渠道、多形式地发布相关信息,使环境保护税立法与修订的最新进展与成果及时、准确地传达到公众,为公众参与立法、监督等工作创造条件。其次,应拓展公众参与环境税立法工作的渠道。根据我国《立法法》第 34 条和第 58 条的规定,列入常务委员会议程的法律案,立法机关应当听取各方面的意见。听取意见的方式可以采取座谈会、论证会、听证会等多种形式。

"徒法不足以自行",作为规制新税种的《环境保护税法》更是如此,在立法决策中必须充分听取各界意见,尤其是相关行业、企业、纳税人的意见,是提升《环境保护税法》社会可接受性,保障环境保护税预设功能实现的重要措施。《环境保护税法》的出台是我国构建完善的绿色税收体系的起点,在今后的相关立法中应落实《立法法》中的规定,切实保障公众参与环境保护税开征事项决策,坚决避免"走过场",保障公众参与对环境保护税立法决策和立法结果的相当的影响力。

## 六、环境保护税的专款专用原则

环境税收入的使用制度在环境税制度推行中具有重要意义,关系到环境税制度推行的实际效果,即环境税能否提升环境质量,促进环保事业。从各国建立的环境税收入使用制度看,环境税的使用方式主要有两种:一种是专款专用,即将环境税收收入用于特定的环境保护活动或其他特定项目的使用方式,例如荷兰,荷兰环境税的税收收入作为专用基金,全部用于环保事业;另一种是对环境税收收入采用与其他一般税收收入一样的使用方式,通常用于抵消环境税可能带来的累退性,例如瑞典,瑞典将征收的二氧化碳税通过降低企业缴纳的社会保险金额,资助企业进行光污染治理或安装防治污染设施等方式返还给企业。两种方式相比较,对环境税的使用采用专款专用原则优势明显。

首先,专款专用原则可以提高新税种的可接受性,并有助于获得政治支持。在环境税推行之初,纳税人确信所纳税款将被全部用于与环境保护有关的活动或是用于补偿受影响最大的群体,将有力地提高环境税的可接受性和税收遵从度。其次,环境税开征的初期,在具体的税种少、税率低的情况下,专款专用的推行有利于集中资金用于环保事业,从而有效地缓解环境保护的压力。再次,坚持环境税的专款专用原则,有利于公众对环境税收入与使用情况进行监督,提高环境税收制度的透明度。因此,不少国家在推行环境税的初期都采用了专款专用原则。但是,从长远来看,专款专用原则过于刚性,容易导致资源配置的低效率,一定程度上会妨碍政府开支的结构优化。因此,专款专用原则可以作为推行环境税之初的过渡性安排,待时机成熟,可择机将环境税收收入纳入一般财政预算。通过对其他国家环境税收入使用制度的考察,我们可以发现专款专用制度的具体形式主要有基金方式和专项资金方式。所谓基金方式主要是针对环境税收入建立环保基金,环保基金单独核算,用于专门用途。例如美国,联邦和各州根据实际情况建立多项环保基金,如国家水污染控制周转基金、超级基金等。与环保基金相比较,环保专项资金方式不具有环保基金的独立性,其收入来源和支出方向被严格限制。我国现行的排污费专项资金和维护建设税专项资金,就属于这种方式。环保专项资金方式比较适合资金规模小的环境税收入,同时它对政府财政预算管理水平的要求也相对较低,所以,我国在推行环境税制度的初期,采用环保专项资金的方式,来实现对环境税收入的专款专用原则,是符合实际的。

初创于西方的环境保护税制度能否在我国发挥其理想化功效,取决于诸多因素。在这些因素中社会公众对环境保护税的认知、认可、接受程度,会在相当程度上影响到纳税人对环境保护税这一新税种的税收遵从。各界对环境保护税充满期待,也不无担忧和疑虑。在环境保护税的立法和征管中,将税收公平、税收效率等原则贯穿其中,将税收中性、公众参与落到实处,势必能化解新税种开征的一些阻力,提升公众对这一新税种的好感与信任,使得环境保护税能为我国环保事业的推进发挥应有的作用。

# 第四章　环境保护税功能的发展与我国绿色税收法律体系构建

法律制度是人类社会的重要调控机制，在协调和解决环境问题方面所发挥的作用也是其他制度难以企及的。早期对环境问题的法律规制主要是通过环境法，即国家通过制定环境法律、法规来直接管制相关主体的行为，从而起到环境保护的作用。但是随着社会经济的发展，环境问题变得更加复杂，这种直接管制手段的弊端开始暴露，主要表现为手段单一、执行成本高、效率低等。因此，越来越多的国家选择采取具有激励作用的经济手段来进行环境保护，环境税法作为一项生态侵权救济实体制度，具有重要的经济社会价值，且较于排污权交易、征收环境费用等环保手段优势明显。《环境保护税法》的出台，是我国环境税收法律制度发展所取得的一项重要成就，让环境税费的法律高度有了质的提升，有关于环境保护的规定也更加完善。因此，我们应顺应良好发展的趋势，通过构建符合环境保护税功能定位的绿色税法体系，进一步激发环境保护税的功能发挥效应，推动环境保护税制度的持续发展。

# 第一节　我国《环境保护税法》实施与成效

## 一、各地出台的征收标准存在差异化

在《环境保护税法》出台后,出于对本地区环境承载能力、污染物排放现状、经济社会生态发展目标等因素的考虑,全国各省陆续公布了有关环境保护税污染物税额的标准,见表4.1。

| 水平 | 污染物税额标准 | 省　份 |
|---|---|---|
| 低 | 最低征收额 | 青海、宁夏、江西、福建、吉林、安徽、内蒙古、新疆、西藏、辽宁、黑龙江 |
| 偏高 | 1.5—3.5倍 | 湖南、广东、广西、四川、贵州、云南、山东、山西、湖北、海南、重庆 |
| 超高 | 4—10倍 | 北京、上海、河北、河南、天津 |

一部分省份基本平移了当地原有的排污费征收标准,依照原排污费的最低征收额征收,吉林、安徽、江西、陕西、甘肃、青海、宁夏、新疆、福建、黑龙江和西藏等11个省区对大气污染物和水污染物按税额幅度下限征收。其中,福建省除了将部分水污染物的适用税额略微提高到每污染当量1.5元,对其他应税大气和水污染物均执行税额下限。辽宁、云南和内蒙古等3个省区确定先以税额下限过渡1—2年,然后进行调整。大多数省份在当地原排污费征收标准的基础上略有提升。山西、浙江、广东、海南、湖北、湖南、广西、四川、贵州、山东和重庆等11个省区

市将大气污染物和水污染物的适用税额确定在税额下限3倍以下。总体来看,大气污染物税额在每污染当量1.8—3.9元之间,水污染物税额在每污染当量2.1—3.5元之间。而一部分污染严重的地区则实行了超高的征收标准,例如环绕北京的地区和雄安新区周边地区执行税法最低标准的8倍税额,即大气主要污染物9.6元/当量,水主要污染物11.2元/当量,用以保障以首都为核心的京津冀生态,有效引导发展方式转变和产业转型升级。在与首都和雄安新区接近的外围区域如石家庄、保定等则按照低于京津环保税税额的下限,高于普通区域最低标准即5倍税额标准,以促进京津产业向高新技术和生产型服务业转移,提高经济环境承载力。

## 二、各地出台规范环境保护税核定征收管理文件

为规范环境保护税核定征收管理工作,多个省份发布了《环境保护税核定征收管理办法》或者《环境保护税核定征收管理办法(试行)》,例如山东省地方税务局、山东省环境保护厅于2018年3月发布了《山东省环境保护税核定征收管理办法》(2019年8月由山东省税务局、山东省生态环境厅对该办法进行了修改);新疆维吾尔自治区税务局、新疆维吾尔自治区生态环境厅在2018年12月共同制定并发布了《新疆维吾尔自治区环境保护税核定征收管理办法(试行)》;宁夏回族自治区银川市政府发布的《银川市环境保护税征管协作工作机制》;广西壮族自治区防城港市发布的《防城港市环境保护税征管协作办法》,北海市发布《北海市环境保护税征管协作机制》。各级地方政府出台的一系列细化的、具有可操作性的规范性法律文件为《环境保护法》

的实施和环境保护税的开征提供了保障。

## 三、环境保护税开征后的成效

### （一）环境保护税收入稳定

2018 年 1 月 1 日《中华人民共和国环境保护税法》正式实施，2018 年 4 月 1 日，浦东开出全国首张环境保护税税票，完成了环境保护税的首次征收。自 2018 年开征至 2020 年，环境保护税累计完成 631.5 亿元。根据财政部发布的数据显示，2018 年我国全年环境保护税总收入为 151 亿元，与 2017 年征收的排污费数额相比有所增加；2018 年环境保护税实际征收税款 151.4 亿元，其中，对大气污染物征税 136 亿元，占比 89.8％，其中二氧化硫（26.2 亿元）、氮氧化物（59.8 亿元）、一般性粉尘（38.9 亿元）合计占大气污染物应纳税额的 91.8％；对水污染物征税 11.4 亿元，占比 7.5％；对固体废物和噪声征税 3.9 亿元，占比 2.6％。各类应税污染物比重与排污费收入结构大致保持一致。

表 4.2　2018 年环境保护税收入分税目情况

| 2018 年环境保护税收入分税目情况 | | |
|---|---|---|
| 税目 | 金额（万元） | 占比（％） |
| 一、大气污染物 | 1359640 | 89.8 |
| 其中：二氧化硫 | 262002 | 17.3 |
| 氮氧化物 | 597581 | 39.5 |
| 一般性粉尘 | 388945 | 25.7 |
| 烟尘 | 41933 | 2.8 |

续　表

| 2018 年环境保护税收入分税目情况 | | |
|---|---|---|
| 税目 | 金额（万元） | 占比（%） |
| 二、水污染物 | 114027 | 7.5 |
| 　其中：第一类水污染物 | 2963 | 0.2 |
| 　　第二类水污染物 | 89225 | 5.9 |
| 三、固体废物 | 23967 | 1.6 |
| 　其中：煤矸石 | 9064 | 0.6 |
| 　　尾矿 | 3037 | 0.2 |
| 　　危险废物 | 1418 | 0.1 |
| 四、噪声 | 14723 | 1.0 |
| 五、滞纳金及罚款收入 | 1379 | 0.1 |
| 合计 | 1513736 | 100 |

2019 年我国全年环境保护税总收入为 221 亿元，比 2018 年增长了 46.1%，增长显著。2020 年环境保护税 207 亿元，同比下降 6.4%。

### （二）环境保护税减排效果显现

以我国的空气质量为例，2018 年我国有 121 个地级及以上城市（以下简称城市）环境空气质量达到合格标准，占全国 338 个监测城市的 35.8%，与 2017 年相比提高了 6.5 个百分点；338 个监测城市的平均优良天数比例为 79.3%，与 2017 年相比提高了 1.3 个百分点；338 个监测城市共发生重度污染天数为 1899 天，与 2017 年相比减少了 412 天；338 个监测城市五项主要空气污染指标：PM2.5、PM10、二氧化硫、二氧化氮和一氧化碳，与

2017 年相比无论是指标浓度还是超标天数比例均得到下降。2019 年,全国 337 个监测城市的 PM2.5 浓度值为 36 微克/立方米,与 2018 年相比数值相等,其中未达标城市 PM2.5 年均浓度值与 2018 年相比降低为 40 微克/立方米,下降 2.4 个百分点;PM10 浓度与 2018 年相比降低为 63 微克/立方米,下降 1.6 个百分点;臭氧浓度与 2018 年相比提高为 148 微克/立方米,增加 6.5 个百分点;二氧化硫浓度与 2018 年相比降低为 11 微克/立方米,下降 15.4 个百分点;二氧化氮浓度、一氧化碳浓度与 2018 年相比数值保持不变,分别为 27 微克/立方米和 1.4 毫克/立方米;优良天数比例达到 82.0%,其中有 157 个监测城市的环境空气质量达标。

2020 年,缴纳环保税的纳税人主要大气污染物二氧化硫、氮氧化物排放量较改革前 2017 年分别下降 42.5%、28.7%;主要水污染物化学需氧量、氨氮排放量较改革前 2017 年分别下降 54.5%、35%。2020 年黄河流域省份纳税人申报的主要大气污染物二氧化硫、氮氧化合物排放量分别下降 9.0%、16.2%,主要水污染物化学需氧量、氨氮排放量分别下降 18.1%、16.2%。

### (三) 环境保护税引导企业向绿色环保生产转型

"多排多缴,少排少缴,不排不缴"的环境保护税,增强了企业的环保意识,推动企业向绿色、生态、健康、循环利用转型。在内蒙古鄂尔多斯,广纳煤业集团调整作业方式,一年内因粉尘排放量减少就享受环保税优惠 460 万元,绿色税收的正向激励作用显现。有近 700 家企业由直接向外排放污染物改为接入管网集中处理。处于工业领域前列的钢铁行业,在环境保护税开征前后,不少企业积极推进绿色发展和清洁生产。2018 年 11 月山东钢铁集团有限公司(以下简称"山钢集团")出台《绿色发展行动方案(2019—2020 年)》提出钢铁板块要在 2020 年 8 月底前实现废水近零排放、大气污染物超低排放,建成绿色低碳环保的生态园林工厂。山钢集团莱芜分公司,在 2019 年初推进 74 个重点环保提升项目建设,并拿出 34 亿元投资废气废水治理项目,推进清洁化生产工艺、不断提升治污减排能力。山钢集团日照分公司投资 64.7 亿元高标准建设日照钢铁精品基地,基地全封闭式的原料大棚杜绝了扬尘污染、减少了颗粒物排放,烧结工序采用的新脱除技术实现了烟气达标排放。河北省钢铁行业 2019 年污染物排放量与 2018 年同期相比烟尘下降了 35％、二氧化硫下降了 42％、氮氧化物下降了 49％。2019 年前 10 个月,全省环保税税款缴纳同比减少了 2.88 亿元,降幅为 47％,部分企业因技术改造而享受到税收减免优惠。这些企业在节能技术和减排改造方面取得了突破,节能减排降税,又可以带来新的收益增长点,提升了企业竞争力。

## 四、我国环境保护税征收中存在的问题

### (一) 征收标准和规定需要进一步细化

当前我国环境保护税征收的法律依据为《环境保护税法》和《环境保护税法实施条例》。《环境保护税法》共 5 章 28 条,《环境保护税法实施细则》共 26 条。且现有的规定内容比较宏观,有不少概念有待厘定,有关环境保护税征管的规定也只限于一般的程序性规定,缺乏具体的细化规则。因此,有关环境保护税的征收亟待进一步出台更加细化的规定,结合我国环境保护税征收的实际情况,提升相关规定的可操作性。

### （二）征收范围待拓宽，征收标准待提高

我国现行《环境保护税法》坚持税负平移，是在原来的排污费制度基础上进行的改革。其征收范围较狭窄，主要针对污染物，包括大气污染物、水污染物、固体污染物和噪声四大类。但实际上造成严重污染的污染源远不止这四大类，因此应适时拓宽征收范围，将二氧化碳等其他污染源纳入征收范围。另外当前我国《环境保护税法》基于排污费制度的"税负平移"原则，实践中大部分省份施行的环保税率执行的标准偏低，只有小部分地区执行较高的标准，这样难以完全满足环境污染治理成本的需求。因此，应适当提高环境保护税整体征收标准，以发挥环境保护税的各项功能。

### （三）征收稽查工作效率待提高

依据我国《环境保护税法》规定，税务机关负责依法检查税务申报，环保部门负责污染物数据的采集与监测，税收征管模式由原来单一的环保部门主要负责过渡到税务机关和环保部门相互配合、制约、监督的跨部门协作。目前我国环境保护税的征管流程为：（1）纳税人自行填写申报表，纳税人要对填报内容的真实性和完整性承担责任；（2）税务部门比对纳税人申报数据和环保部门传输的相关数据；（3）如果纳税人申报数据与环保部门传输的数据不符，由环保部门进行复核（如图所示）。由于可能存在纳税人申报不实、错误申报、漏报等现象，环保部门复核的及时性、完整性税务部门也比较难掌握。

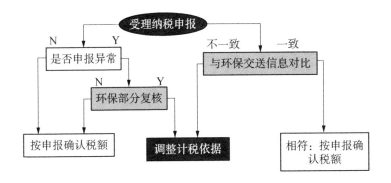

为保证双方信息的及时沟通与反馈,整个环节不仅需要专业技术人才配备先进技术设备,还需要部门间的良好协作配合。但由于国内环境税开征不久,在税收征管过程中征收管理体制的建立以及信息技术手段的运用有待完善,要完成对应税污染物数据进行准确监测与计量,防范税收风险和税款流失,解决双方在信息不对称的情况下产生的征收成本较高等问题对环保部门和税务机关之间跨部门的征收稽查工作是一个巨大挑战。

## 第二节　我国绿色税收法律体系的构建

### 一、明确绿色税收法律体系的定位

绿色发展是"十三五"规划的五大发展理念之一,将环境问题的重要性提升到了国家层面,建立环境保护和推动生态文明建设的绿色税收法律体系已成为大势所趋。法律体系通常指由一国现行的全部法律规范按照不同的法律部门分类组合而形成的一个呈现体系化的有机联系的统一整体。我国的环境保护税法尚未形成一个体系,由于缺乏系统、科学、前瞻性的顶层设计,我国环境保护税法律体系的建设同时存在内部矛盾与外部漏洞,且价值冲突时有发生,立法的不周延性突出,这些都将制约着我国环境保护税立法目的的实现,更不利于实现环境保护税的功能。笔者认为,应明确环境保护税绿色税收法律体系的定位,从理论上对以环境保护税为主的绿色税收体系的基本框架和内容进行梳理,在税制改革进程中与绿色发展紧密结合,提升现有环境保护税及相关税种的绿色化水平。因为只有把环境保护税纳入绿色税制体系来进行思考和设计,才能更好地发挥环境保护税的功能作用。

## (一)完善涉及环境保护的相关税种

我国税收体系整体以间接税为主,间接税的特点是纳税人可将税负转嫁给他人,主要包括增值税和消费税。涉及到环境保护领域,地方政府热衷于搞大项目,政策倾向大企业,罔顾其生产、施工环节对环境造成的污染。而在税收征收各环节中征收的增值税、消费税由于其具有间接税的特点,最终还是转嫁到了消费者的身上。我国应适时调整税收结构,逐渐增加直接税的比重,对间接税的征收环节进行调整,引导地方政府在环境保护上投入更多精力,致力于打造良好的人居环境。在此基础上,应进一步完善涉及环境保护的相关税种,主要是资源税、消费税、车船税等,通过这些税种与环境保护税形成良好的配合,进而强化环境保护的功能。

就资源税来说,目前只对煤炭、石油、天然气、其他非金属矿原矿、黑色金属矿原矿、有色金属矿原矿和盐这七类资源征收资源税,且税率较低,在促进企业和居民合理使用资源上作用极为有限。2016 年,为了资源税能够有效发挥保护环境、获取财政收入的作用,财政部和税务总局发布了资源税改革的通知。这一次改革扩大了资源税的征税范围,值得关注的是将河北省作为水资源的改革试点地区,将地表水和地下水计入征税范围,使用从量定额计征方式,2017 年水资源改革的试点又在北京、天津、山西、内蒙古、山东等 9 个省市自治区进行了更广泛地推行。同时,这轮改革还将逐步把其他资源纳入资源税的征税范围,并相应地提高资源税税率,规定各个省市自治区等政府可以根据当地发展实际,就森林、草场、滩涂等资源使用的情况提出关于资源税改革的建议。如此一来资源税的税收收入就会有所增加,这部分收入增加后可以适当分担一些环境保护税的收入压力,因为环境保护税的收入不应该也不可能是环境保护资金的唯一来源。其次,我国消费税从 2009 年改革开始,其收入一直呈现增长趋势,现行消费税在筹集财政收入方面发挥的作用是巨大的。但是关于消费税的功能定位一直存在争议,到底是将其定位于调节收入分配或是环境保护和资源节约利用,还是二者兼顾,学界各说纷纭。但是实际情况告诉我们,没有任何一种税收在环境保护、资源节约、调节收入分配等方面都能获得最佳效果。我们不妨通过立法来渐渐完善消费税,使得其在环境保护方面所发挥的作用能够与其在财政收入、调节消费方面的功能相匹配,因为当前我国消费税对环境保护的贡献是很弱的,这不利于发挥消费税在我国环境税收法律体系中的作用。因此,我们可以逐步将塑料制品、电子产品、化工产品等污染程度高的产品纳入消费税的征税对象,还可以增加对人们日常生活中消费品的纳税(电池、饮料容器),这样可以促进企业生产结构的优化升级,同时还可以引导人们选择绿色的消费方式。国家通过消费税获得了新的环境税收入,就有能力积极响应民众的合理诉求,相应地还可以减轻所得税税负,降低低收入群体的税负,进而实现公平分配。不过这些都还只是设想,如何将消费税的相关功能落到实处,才是今后消费税立法需要考量的。

### (二)适时开征特种或单项环境税种

环境问题不是一成不变的,随着社会的发展,会有更多的环境问题出现。一旦某一类行为开始危害到某一区域的生态环境,且这类污染行为又是可计量的,我们就可以适时开征针对这项行为的环境税。《环境保护税法》推出的环境保护税主要针对污染物排放,后续立法我们可以考虑开征碳税。目前为了遏制二氧化碳排放对气候变暖的影响,欧盟国家、美国都开始征收碳税,并且将其作为本国的环境税收法律体系的重要组成部分。而中国是碳排放大国,所承担的节能减排责任也是较重的,中国目前还没有开始实施碳税,但也是时候开征了,相信在未来一段时间碳税的立法会被提上议程。碳税一旦开征,必然会推动低碳经济的发展,对于整个环境保护税法律体系的完善更是意义重大。但是,我们在构建碳税法律制度时,应该要遵循税收中性的原则,即增加了碳税这项税收,就应适当减少其他税种的征收比例并建立配套的补偿优惠机制,同时合理的分配碳税收入,使其充分发挥对企业技术革新、对低收入者的适度倾斜保护和对环境治理的功效。因为,碳税在中国开征后,会给相关企业和个人带来一定的不利影响,其中主要是导致社会收入分配不均,因而必须通过坚持税收中性原则,进行利益格局的调整,将其对社会收入分配的不利影响降到最低。

## 二、优化《环境保护税法》各项具体制度要素

我国环境税发展起步晚,较于其他发达国家,我国在环境税的立法设计和征管经验等方面缺乏经验,开征新的环境税不可能实现一步到位,因此《环境保护税法》的各项具体制度要素设计还需进一步完善。

### (一) 适时扩大征税范围

通常情况下,环境保护税应将所有与破坏生态环境有关的环境侵权行为以及与环境污染有关的产品和服务纳入征税范围,换言之,就是将我国相关产业的各主要污染因子全部纳入环境保护税的规制范围。因为环境保护税的征税范围如果过窄,不利于实现环境保护的功能,也不利于实现其财政收入功能。我国目前环境保护税法应税污染物仅限于大气污染物、水污染物、固体废物和噪声四类,流动污染物、挥发性有机物等对环境影响较大的污染物并未被列入征税范围,基本上是将此前的排污费制度进行了"平移",征税范围是非常有限的。实际上,我国环境污染问题还是较为严重的,很多资源在生产、加工等环节都对环境产生了一定程度的污染,且造成了一定的环境损害,而我国目前仍然没有具体的税制来规制这些污染,日后应明确凡是在生产和使用中对环境造成污染与破坏的均可以纳入环境保护税法的调节范围,也许某项物质在生产、使用环节造成了环境污染,但其他相关环境税种没有将其纳入征税范围,环境保护税就可以将其纳入征税范围,我们的环境保护税应覆盖污染控制和生态破坏行为的各个环节。

### （二）调整税率结构

税率所反映的是应纳税额与计税依据的比例，是衡量税负水平的重要指标，环境保护税作为矫正负外部性的一项手段，其税率的设计应该体现环境污染排放所带来的外部社会成本，治理污染的成本费用越高，所征收的税也应越高，对这类污染的税率应提高。现行的环境保护税税率偏低，未能做到依据国内目前治理环境污染的实际需求来进行相应的税率调整，可是社会经济发展水平正在提高，延续过去的低税率，将难以有效激励纳税人减少污染行为。在《环境保护税法》实施情况稳定后，可以适时通过法律修订逐步提高法定税率，但必须综合考量我国环境污染治理实际及经济发展等因素。我国环境保护税的税率大幅度提高可能要分阶段进行，因为国家整体的宏观税负降低、税制优化是难以在短期内实现的，产业结构的优化升级也需要时间，企业及相关纳税主体也需要时间来适应税率的提高。

此外，光提高税率是不够的，还应实行差别税率。《环境保护税法》虽然明确规定了各项污染物的应税数额，但我国幅员辽阔，各区域气候、经济发展水平、人口密度存在明显差异，由此对环境保护的需求程度也各不相同，即便同样的污染物或污染排放量相同，在不同的地区所产生的边际社会损害程度也有所不同。设置统一的税率是既不现实又不科学的，我们应分阶段提高环境保护税的税率，同时依据某种污染物在具体发生区域对自然界污染程度的边际影响来实施差别税率。这样的税率结构需要授予地方调整税率的权利，我国现行的《环境保护税法》并未赋予地方政府此项权利，后续可以将其考虑进去。从税收中性原则出发，将环境保护税的税率进行合理设置，可以有效减小环境保护税的累退性,克服环境保护税的负外部经济影响,取得环境保护与经济发展的双赢。

### (三) 完善环境保护税优惠政策

　　每一种税收的开征都有其特定的目的,税收优惠政策正是辅助该税收实现其目的的一项重要手段,环境保护税的优惠政策的设置也应符合其环境保护的目的,这有利于鼓励环保事业的发展和环保技术的进步。我国的环境保护税具体规定了四种免税情形和两类减税情形,并授予了国务院批准税收优惠的权利。相较于丹麦、德国、日本等发达国家对环境税收优惠政策的细化规定(例如:日本对绿色电动车等环保车进行车辆购置税的减免),我国《环境保护税法》中对税收优惠政策的规定还不够全面,未能有效落实税收优惠的环保原则。首先,应从严制定多种税收优惠政策,避免形式单一,可以适当采用延期纳税等方式,并加大优惠力度,不过这些都应在坚持量能原则的前提下进行。其次,我国《环境保护税法》第十条只对排放物低于 30％、50％有具体减征规定,并未涉及其他标准,后续法律修订应追加其他标准的减征规定,因为《环境保护税法》如果在具体执行过程中标准不统一,会影响环境保护税的实施效果。最后,环境保护税的税收优惠措施与其他税种的优惠措施缺乏联系。实践中,关于环境保护、资源节约的各项优惠措施可能会涉及增值税、企业所得税等,应适当地将这些因素纳入环保税的优惠政策考量,从而不至于引发环境保护税收优惠措施与其他优惠措施冲突。总而言之,环境保护税的税收优惠政策应严格制定,如果过于模糊不清,会同时损害环境保护税的环保功能和收入功能。

### （四）增加地方政府行使环境保护税税权的具体规定

关于环境保护税税收权益的具体分配，国务院已经以通知的形式明确环境保护税收入将归地方政府，这为地方政府履行环境保护事权提供了切实保障，也意味着我国的环境保护税是一项地方税。这样的制度设计，有利于地方政府实现环境保护税收入收支对应，治理环境污染也就更加有动力。但是，值得注意的是，尽管地方政府取得了环境保护税的实际收益权能，并不意味着地方政府就一定能行使好这一权能，还需加以必要的法律规制。《环境保护税法》在后续的立法修改或配套法律法规的制定中，应明确地方政府行使环境保护税税权的法律责任，以防止地方政府做出偏离中央政策的行为，并通过立法完善提高对地方政府行使环境保护税税权的监督力度，让专门的监督机构或监督部门负责对地方政府的监督。与此同时，还应对地方政府的环境保护税征收绩效考评加以规定，将资源消耗、环境治理实效纳入考评体系，牢固树立地方政府的绿色 GDP 理念，进一步提升地方政府的绿色环保意识，用科学的政绩观为环保税功能的实现保驾护航。

# 第五章　我国环境保护税功能实现路径
## ——以协同征管机制优化为视角

　　《环境保护税法》的出台确立了环境保护税"企业申报、税务征收、环保协同、信息共享"的征管机制。协同征管机制是一种全新的征管模式，也是环境保护税征管工作中的重要内容。协同是否顺畅，征管是否高效将直接影响环境保护税功能的发挥。

## 第一节　征管协同概述

### 一、征管协同的概念

　　征管协同并非是《环境保护税法》中才出现的新生概念，在财产税、进出口关税、资源税等税收法律法规中已出现这个概念。税收征管是指在法律赋予相关权力的基础上，税务机关对税收进行管理、确定、征收、检查、处罚、救济等活动，税收征管是税务管理的重要组成部分，也是保障税收入库的最后程序。协同是指多个不同资源或者个体经过整合一致地完成某一目标的过程。税收征管协同为税务机关在税收征管中要求其他同级别行政主体给予协作共同完成税收征管的行为。

　　征管协同理论在学理上溯源于"整体政府理论"。生产力的发展促生了分工原则,为了适应生产之需要,政府职能与职能之间也进行了区块划分。但部门之间的隔阂,产业逐渐整合化、链条化,传统的分工原则反而成为一种桎梏,生产中的协同原则对政府的职能碎片化产生了不满,这种效率偏下的制度架构已不能满足生产的需要。为了打破这种碎片化局面,整体政府理论应运而生,通过纵向指挥、横向分布、相互协作来实现政府各部门功能最大利用。对税收的征管协同而言,就是面对当今复杂的税收征管活动之新需要,横向分布的税务部门和其他协同部门,在本级政府的统一纵向指挥下,通过相互协作,保证税款征收活动的实现,实现税收征管的效率最大化。

## 二、《环境保护税法》采取协同征管的必要性

　　迈向二十一世纪后,经济结构、工商社会、网络信息的全面发展,使得经济的新业态出现,社会分工也愈加的多线性与全面化,公众问题开始"超组织边界"。传统的税收活动也发生了新的变化,新生税种接踵而至,税收征管工作也随之变得更加多样化、协同化、现代化。新生税种的新特性使得税收征管工作只能"从零开始",而通常这种征管活动也不再是税收机关可以凭一己之力完成的活动,税收机关面对征管工作空前的复杂性与挑战性。《税收征收管理法》于2001年进行修订,在第十五条中增加第二款,明确了工商行政管理机关在税收征管中的协同作用。在第十七条中明确了银行和其他金融机构的协助作用。这些新

规定回应了经济发展的需要,为税收征管协调提供了法定依据,强化了征管协同的法律地位。征管协同的必要性表现在:首先,对于税务部门而言,征管效率为其部门要务,而通过有效的征管协同,能够打通税收中的信息壁垒,发挥出各职能部门的所长,进行专业化分工,形成征管合力,最终提升、强化征管效率,圆满完成税收任务;其次,在应对征管风险方面,由于税务部门的其他业务欠缺,很容易根据本位经验主义而忽视潜在的征管风险,协同方有重要的督导和提醒功能,协同方也能够运用法律赋予的合理公权力帮助税务部门化解征管过程中遇到的难题,能够帮助税务部门应对征管风险,保障税源的流入;最后,征管协同也是国家治理现代化的内在与外在表现。一个高效运行的政府,不仅有分工而且还要有协作,内部畅通透明,共治局面出现,公民能够享受到更好的政府服务。

在环境保护税征管环境中采用征管协同是必要的。首先,《环境保护税法》将税收职能延伸到了生态领域,此领域并非税务部门所擅长之领域,但环保部门由于前期征管排污费而具有天然的技术和经验优势。以环保税计税依据几种方式为例:自动监测的数据源就掌握在环保部门手里,只有进行信息共享建设,税务部门才能完整掌握数据。虽然税务部门可以通过财务资料利用数学公式计算出税额,但是税额的真实性只有经过环保部门的核查后才能得到保证。因此,征管的有效开展离不开环保保护部门的共同努力。其次,环境保护税征管任务的紧迫性。虽然有学者在《环境保护税法(征求意见稿)》公布之际就提出进行制度模式构建,并提出多种征管方式,但始终都未曾绕开过环保部门。环保部门在其中都需要支持和配合,只是程度不同而已。环保税征求稿出台后到正式稿施行前时间间隔也不过三年,税务部门独立自主完成征管,无论是从零开始培训、政府第三方购买还是自主建设监测都将难以达到环保税征管现实需要和监管的覆盖量,还会造成资源的重复与浪费。因此,与环保部门进行征管协同的建设势在必行。

## 三、征管协同的原则

### (一) 征管协同与公平原则

公平原则是法律社会的首要价值,因此在环保税征管制度设计中,也应该贯穿这一原则。首先,分工的公平性非常关键。税务部门和环保部门应该在各自职权范围内合理分配工作,合理确定各方权利义务,保证工作力所能及,这是征管协同的基础性前提。其次,利益分配的公平也很重要。征管协同也需要平衡各方利益。如环境保护税的税款的使用应当贯彻环境公平原则,对于环保部门协同参与机制是否应该有所分成或经费补充?环境保护税应该考量到纳税人的可承受范围,通过环保部门和税务部门的协同考察,给予税收减免或者优惠。最后,在于承担责任、后果的公平。公平原则应考虑到环保部门与税务部门在分工中的实际作用,确定其法律地位,协调好纳税人和环保部门与税务部门的关系,这对发生税务纠纷时确定当事人具有重要的意义。

### (二) 征管协同与效率原则

征管协同中也应该严格遵循效率原则,实现环保税征管制度设计的目标。在征管协同的具体运作中,一方面要把效率原则贯穿征管协同始终,在体制内部,两部门应记住环境保护税征管的目标,立足国家大局,在信息共享、联合配合上下足功夫,保证协同共治的顺利开展,打通征管中的不利因素,最终促进体制高效运行,圆满完成征管目标。面对市场而言,环境保护税的效率导向性最终将作用于市场资源配置提升,因此环保部门和税务部门应该运用征管协同搭建好桥梁,通过宣传、监督、稽查等多种方式,促进纳税人实现产业转型,绿色发展,最终将这种成果普及全社会。另一方面,两部门还应该在具体征管实践中不断优化征管协同过程,不断改良环保税制结构,反作用于效率的提升。

### (三) 征管协同与协同原则

协同原则的法理基础在于行政一体性原理和行政协调机制。行政一体性要求打破各自为政的部门状态,跨部门间发出一个"声音",作出一个决定。[①] 在具体落实中,税务和环保两部门的关于征管协同方面的组织、程序、培训应当保持一致性,不能两部门南辕北辙,条块分割。特别是在信息化建设方面,两部门关于征管协同方面的部门动态、软件系统、信息共享平台应当一致,避免信息孤岛现象出现。行政一体性还要求多部门能够有效置于当地政府的统一指挥,因此在环保税的征管协同中,要坚持当地政府的统一领导,并建立有效的指挥协调机制,防止"九龙治水"现象出现,达到分工和统领的协同。行政协调机制要求部门间能够做到组织的协调、程序的协调和救济的协调。面对环保税征管协同的趋势,环保部门和税务部门在各自组织上作出优化或新建构以谋求两部门间的有效对接,建立有效协

---

① 参见高秦伟:《机构改革中的协同原则及其实现》,《福建行政学院学报》2018 年第4期。

调机构以解决部门间存在的争议,明确行政适格主体以方便纳税人维权。

## 第二节　征管协同机制与环境保护税功能

### 一、环境保护税征管协同机制理论中存在的法律问题

#### (一) 环境层面的法律困境

环境法的天然困境将影响环境保护税功能的发挥。首先,环境的不确定性和法律的确定性。人类对于自然的探索至今未有全面的结论,也只能跟随着科技的进步而逐步加深对自然、环境的了解。而科技也具有不平衡性,这也就导致了科学技术在每个人手中并不是确定的,每个人、部门分配到的科技资源也并不均衡,对环境知识的掌控也不完全,这直接关系到环境立法的科技相关性,使得环境税立法处于"立法于未知"的状态,对现实中的新情况、新问题、新诉求得不到立刻的回应。对于环境问题出现的征管协同机制,法律由于其滞后性,至今也未给出应有定位。其次,环境规制的复杂性和法律调控的有限性。环境问题涉及到人类社会与自然环境、自然资源和社会资源、环境与经济等诸多领域,其间诸多个体、组织存在相互关系,这就使得环境问题利益庞杂,环境规制具有非一般的复杂性。这也是篇幅有限的法律所难以一言蔽之的,而且受环境规制复杂性的影响,法律的实施力度也有待考量。征管协同中的两部门都对于环境问题存在自己的利益导向,如何保证两部门最终达成一致性,法律也没有回答。最后,环境问题的非线性和环境行政的僵化。当

代社会已不是过去以往机械论者所推导的线性思维社会,人们的认识观也跟随社会科学的发展而走入"有序",而环境问题也如此。人们用法律介入来干预环境,由行政机关负责实施,但受到行政机关固有僵化影响,灵活多变的环境问题让其陷入被动,最后可能会导致干预"失灵"现象。环境部门和税务机关两个行政机构,如何更好构建征管协同体系,避免管制失灵,发挥出环境保护税的"双重红利"之效,这也是一个需要考虑的问题。

### (二) 环境保护税法与税收征管法的立法定位不清晰

从法律种属偏向上来说,《税收征管法》为程序法,而《环境保护税法》是实体法。只有两者之间定位明晰、相互配合,税收法律制度的成效才能得到真正的发挥。而在现实的法律设置中,往往体现你中有我,我中有你的要素渗透。不同于有些国家对程序法和实体法的严格区分,从我国目前立法实际来看,通常每部法律中都或多或少有兼容程序要素和实体要素,为混合立法模式。好处就是法律大而完整,对于税收征管法这种程序法而言,加入实体要素,能够兼顾一些实体之需要,能够形成一整套形式化上完备体系,为一些法律解释提供理论源泉。对于《环境保护税法》这种的实体法而言,也能弥补征管程序法中的一部分漏洞,使得环境保护税收活动更加要素齐全,能够完成前期的基本需要。因为时代的需要,而扩张法律的要素显得无可厚非,但是缺陷也是与生俱来的,税收征管法和环境保护税法虽然都很全面,但又"不全面"。对于一般程序规则,两者有体现但不系统,对于特殊性规则都有涉及但不深入。由于两者的立法定位不清晰,使得两者的制度定位过于模糊。理论上应该先由税收征管法进行基础协作规范,才能进一步明确《环境保护税法》的程序要素,但是在税收征管法没有明确的先行前提之下,《环境保护税法》第四章全章就已经渗透程序要素,对征管协同的具体协作规范进行了比较详尽的分析。

### (三)《税收征管法》与《环境保护税法》衔接不佳

一个可靠的制度联动机制,其注重社会法治化治理的系统化,突出了法律的系统性和完整性,具有可操作性和可实践意义,也彰显了法治现代化的内涵。如我国的刑法和刑事诉讼法,就构建了良好的制度衔接机制。但是在《税收征管法》和《环境保护税法》中,就出现了征管法中对于征管协同机制的缺位与《环境保护税法》对于征管协同机制的错位,导致了两者制度衔接不佳。就《税收征管法》而言,在制度结构方面,其对于征管协同机制的表述散落于各法条,没有形成完整的专门章节,不具法律的完整性和结构性。整体上而言,面对时代迫切的征管协同需要,对于征管协同机制存在制度性缺失,《税收征管法》并没有系统地作出法律性回应。在制度内容方面。《税收征管法》所列举的法条表达过于简略,如其第五条第三款,要求"各有关部门和单位应当支持、协助税务机关",但其仅为原则性规定,如何支持? 如何协调? 在具体操作中遇到的困难和解决机制,也没有陈述,"应当协助"给协助单位带来了添付性义务,按照法律义务、权利相统一原则,理应有进一步的明确陈述,写明其在支持、协助过程中享有的权利,这些都没更好地进一步展现,在实践中无具体条文指引。就《环境保护税法》而言在法律规则表述方面,《环境保护税法》第四章很多条款让税务部门和环境保护部门在征管协同方面承担了很多义务。但与此同时,伴随义务的也应该有责任条款。对于两部门违反这一义务带来的法律后果方面,条文并没有给予明确。使得这一义务规则缺乏基本的法律保障和支持,容易产生环保部门和税收征管部门权责混乱、义务不清、不作为而得不到规制的现象。再者,两者的征管协同机制条文约束缺乏可操作性。在第十五条第一款信息共享平台共享应由谁来建设和主导,兼容的标准、工作配合机制具体制度性安排如何,这些问题虽然在实施条例中又给予了部分明确,但总体上仍然缺乏标准性和适用性,仍需要地方的进一步解释和明晰。最后,对于征管协同的法律保障条文也没有列明。回到征管协同这个原点,环保部门的协作究竟是基本法定职责还是请求回应的附属义务? 按照税务口的"共治"表述,似乎是环保部门的法定职责。但是按照环保口提出的的"极力配合",似乎又是税务部门对环保部门请求回应的附属义务。

## 二、征管协同机制实施中存在的法律问题

### (一) 税收责任机关权责不均等

1. 强税务、弱环保的经济现实

我国虽然正在逐步转变传统的粗放的发展方式,但根本上,还是要以经济发展为中心任务。华北日益突发的雾霾天气以及纪录片《穹顶之下》掀起来全民谈论环保的高潮。十九大以来,"两山理论"作为重要思想被写进党和政府的施政方针,在全国各地传播。各地政府也纷纷响应,提出不再"唯 GDP 论"。各种城市新型的综合排行榜也对各个影响因子进行了重新调整建立新型评估模型,但是短期以内,以经济增长来衡量发展水平的方式不会发生基本变化。经济增长最刚性和最显性的推动方式就是发展工业。发展工业就会不可避免地带来污染增长,但与发

展工业所带来的污染相比,饥饿与贫困给人带来的困扰会更多,很难绕过先污染再治理这一关。所以这种矛盾也最终决定了现实而又务实的发展方式。税务部门和环境保护部门都是政府的职能机构,但是在政府中的话语权却完全不一。税务部门是"聚宝盆",虽然掌握不了"钱袋子"的分配,但是通过法律赋权,税务部门通过税收这一工具,将会获得巨大的资金为政府用于永续发展。而环保部门的环境评价往往能够影响一个工程、一个企业的走向,过于强硬的环保部门反而会被认为拖累了当地经济的发展。受政府特殊保护的纳税大户也对环保部门的关停整改置若罔闻,往往环保部门要"以大局为重",为经济发展让步。实践中,地方政府也会把税收工作的优先权放在环保工作前面。

2. 征管机关法律责任不明确

环境保护税作为"税负平移",原先的排污费有且只有环境保护部门的参与。而不少地方政府为了保证环保部门有足够经费进行运行,积极参与排污费征收事业,除了以往对环境保护部门的财政拨款外,基本上还会对排污费进行分成,这就成了环境保护部门额外能够分到的"蛋糕"。按照学者的数据,这笔经费甚至可以达到环保部门经费的一半以上。① 而新的环境保护税将征收职能由环保部门转向税务部门,形成了新的一条"税务部门—地方政府"的路径,斩断了环保部门原有的利益构成,将环保部门"主体降格",自然从部门情感上来说,环保部门积极性会大打折扣。在《环境保护税法》及其实施细则中明确了"税务部门—环保部门"的双重征税主体,但是环保在面临部门利益受影

---

① 参见刘田原:《环境保护税征管:现实困境、域外经验及完善进路》,载《地方财政研究》2019 年第 12 期。

响的情境下,落实到征管的细节中,不作为、不合作的现象就会出现。但是在《环境保护税法》及其实施细则中无具体条文来约束环保部门必须要做什么,不做的话有什么责任、后果。缺乏法律制度的基础,很难产生真正的约束,进而使得税收征管机制失灵。此外,对于环保部门的经费保障在法律条文中也并未给予明确,环保部门仍然是环境保护税征收工作中的重要承担者,在环境监测与监管中也需要投入大量的资源,环保数据的质量直接决定税收的成效,所以必须在"分蛋糕"上下足功夫,保证环保部门有动力参与征管工作,保证征管协同系统高效运行。

　　在争议处理方面,《环境保护税法》也未能很好地明晰一些问题。根据我国的《行政复议法实施条例》[①]规定,对行政机关作出的具体行政行为不服的,应该把作出具体行政行为的行政机关列为被申请人。《行政诉讼法》也作出了类似的条款。按照上述两法的规定,在纳税人对行政机关不服时,直接以税务机关为申请人或者被上诉人即可,因为税务机关是最后作出具体行政行为的行政机关,《环境保护税法》也明确了税务机关为征管的唯一单位。但是这么做明显是不科学的。在《环境保护税法》中,征管工作不单单由税务机关完成。这是一个通力配合的过程。税务机关作出税收行为的依据是由环保部门这一前置因素所导致的,环保部门在其中的地位不容忽视,如第二十一条中,对第十条第四款的污染物最终应定额度,采取的方式是两部门会商决定。这样也就使两部门在其中都扮演了一定分量的角色,而且环保部门在整个税收过程中的影响可能是全局性的和终局性的。如第二十条中明确了在复核中的路径为"税务机

---

① 参见《行政复议法实施条例》第十一条。

关—环保部门—税务机关",税务机关最终对应纳税额的决定来源于环保部门的复核意见。这样看来,一股脑地把复议被申请人的名号压到税务机关头上是责任的不正当偏移,存在明显的不合情理,不符合行政法"谁做出找谁"的内涵。但是几部法律也都没有明确环保部门在其中应该承担什么样的身份和责任。涉税争议的身份问题没有界定清楚,会让纳税人产生困惑,也会影响征管协同工作的开展。用法律的方式明确各自权责,是征管协同制度重要内容。

### (二) 信息共享与传递平台不完善

按照环保部门与税务部门根据自身的职能分配,分别掌握着如下数据:

表 4.4　环保部门和税务部门掌握数据情况

| 环保部门掌握数据 | 税务部门掌握数据 |
| --- | --- |
| 在"费改税"之前的存量排污费数据 | 纳税人信息 |
| 排污单位的具体信息 | |
| 环境监测数据 | 税务征收数据 |
| 环保处罚数据 | 税收优惠、减免数据 |
| 排污许可证数据 | |
| 污染物排放数据 | 税收风险疑点数据 |
| 治污设施运行情况 | 纳税人违法和行政处罚情况 |
| 环保治理项目 | |
| 复核意见 | 环境保护税纳税信用"黑名单" |
| 环境保护"黑名单" | |

　　通过上表,我们可以看出,在环保税的税收征管中,环保部门拥有对税收额度的"裁量权",它的数据对税务部门而言是重要的前提数据,而税务部门通过自己的业务知识,及时向环保部门分享税收政策和纳税人信息,能够有效共享信息,规避税收风险,达成最终的政策共识。而信息及时的交互就成了征管协同的关键。但在两部门的信息共享与交互之间,却存在着一系列的问题,不利于环境保护税税收征管的开展。

　　1. 存量数据闲置"沉睡"

　　根据《环境保护档案管理办法》的相关规定,环境保护部门对有价值的本部门文件应当按照要求归档,妥善保管;并且加强环保部门的信息化建设,将数据上网,实现资源的数字化、网络化和智能化。环境保护部门在早期排污费征收中是当之无愧的主角,积累了大量的数据材料,特别是征缴数据。而税务部门在数据分析和征管上有着巨大潜能,如果能利用好这些存量数据,对接下来很长一段时间的征管工作的开展都有着很好的借鉴意义,如对纳税人的确定及分类管理这一前瞻性的活动。面对如今费改税后的部门职责转移,环保部门已经失去了征收原排污费的机会,但是环境保护税基本上仍然是以原排污费污染物征管为主。在环境保护税开征前,国家税务总局与环境保护部就签订了征管协作机制备忘录,里面特别标注了"指导地方做好征前准备和档案资料交接",但是这些存量数据随着征收责任主体的转移却仍然存放在生态环境保护部门的档案室里,并没有加以系统地量化、分析、利用,对环境保护税开征也没能作为样本范例和大数据预测研究的基础。从立法角度看,有关涉税信息共享的法律亟待完善。从上位法层面来说,关于涉税信息共享的规定在《税收征收管理法》第五条与第六条,其内容多为原则性和宣誓性的规定。具体怎么操作、执行,规定较为笼统,而且相关的法律责任条文,影响了条文的可操作性。从操作、执行上说,在于两部门先期材料交换平台并未搭建或者搭建的不完善。税务部门是个执行性、实务性很强的部门,负责的事务众多,在税务部门机构改革后,内部处理事务更多,内部人员编制职权需要慢慢整合。环保部门和税务部门间的技术规范,材料接口、表达术语、统计口径都不一致,也导致了环境保护部门的数据难以录入。环境保护部门在转移职责后,以往因为排污费征收所获得分成被取消,参与环境保护税征管工作的积极性势必受到一定影响。税务部门的信息录入系统多为密级,即使环保部门想参加,恐怕也难以加入。

2. 涉税信息共享平台不完善

环境问题是一个复杂的、不确定的、非线性难题。当环境问题与税收问题结合,即意味着双份的挑战。与其他税种不同,环境保护税是一个充满专业用语的税种,其综合了税务知识、法学知识、环境学知识、生物知识以及化学知识等。仅在《环境保护税法》的附表中,就出现了多种生物、化学用语,而细化到实施条例和各省的实施条例中,种目就更加多样。而环境保护税的征管方式与其他税种相比也表现出自身的特点,存在一定的专业知识壁垒,仅仅靠税务部门无法达到征管的要求。为此,《环境保护税法》专门作出了规定,要求县级以上的地方政府应建立税务部门、环境保护部门和其他单位的分工协作工作机制,建立起涉税信息共享平台和工作配合机制。虽然《环境保护税法》对此作出了原则性规定,但比较笼统。在随后的《环境保护税法实施条例》(以下简称《实施条例》)中,规定的就相对细化,除了再次重申了涉税信息共享平台的重要性,《实施条例》还在一定程度上明确了相互权责。明确了环境保护部门应当向税务部门提供的哪些信息，税务部门向环境保护部门交送哪些信息。但在实际的涉税信息共享中仍存在着许多问题。

首先，是信息标准的问题。虽然明确了互相交送的信息，但是相关法律对信息的相关标准、交送频次并没有作出进一步的规定，其操作效率可能会大打折扣。在法律约束力方面，《环境保护税法》及其实施条例也未规定在信息共享方面失责的处罚条款和追责机制，导致其约束力可能很低。

其次，是精度对接的问题。经过新一轮机构改革后，税务部门和环境保护部门变成两个庞大的部门，两部门在部门构架、工作方式、组织分工都有很大的区别，且环境信息和税务信息都是双方的核心业务，涉及到相关的部门权限，难免有利益掣肘，很容易产生权责不清的状况。

第三，是信息覆盖的问题。通过查询各省国家税务局和环境保护部门的网站可以发现从 2017 年上半年，两部门就开始展开联合研究，探讨了环境保护涉税信息共享平台的建设方案，2017 年下半年开始，《环境保护税法》正式开始实施之前两部门开始部署涉税信息共享平台的建设，并联合下发了涉税信息共享平台建设方案，指导各省级税务机关与省级生态环境部门建立涉税信息共享平台。目前，全国绝大多数省份已基本完成涉税信息共享平台搭建，并可以通过共享平台实现涉税数据的交互传递。[①] 但要明确的是，这一涉税信息共享平台是以省为单位进行自建，未进行相互联通及全国互联，从覆盖面上来说是不全

---

① 参见国家税务总局：《关于政协第十三届全国委员会第一次会议第 0856 号（财税金融类 097 号）提案答复的函》，http://www.chinatax.gov.cn/chinatax/n810214/n2015391/c3934794/content.html，下载时间 2020 年 1 月 18 日。

面的,意味着全国性的信息共享平台尚未建立。各省自建,如果不用一个相同的或者相兼容的标准,日后很难进行整体性的合一,为跨地区的环境保护税的征管协同埋下隐患。《环境保护税法实施条例》暂未对核定征收办法作统一具体的规定,而是允许各省因地制宜制定适合本地实情的核定征收办法,国家税务总局的意见是"前期鼓励试点创新,待条件成熟后,再考虑统一规范"。本文认为,先统一标准,再谈协作更实际。核定办法需要一个统一的办法,因为污染物并不是一个固定的存在,如工业废水、大气污染物,它们是具有相对的流动性的,肯定会涉及到多省之间的联动污染问题,缺乏统一的核定标准势必会造成各省之间在环境保护税的相关分账时各执一词,按照他省标准分账少的省份肯定会影响其积极性,治理污染的投入与效能都会降低。本阶段环境保护部门与税务部门的信息系统数据、标准的不统一也给以后的整合带来了更大的难度。从涉税信息共享平台的内容共享度来说,目前仅仅停留在环境保护部门向税务部门单向的表面涉税数据的传递,更深层次的环境监测数据、环保处罚数据与排污许可证数据、双方涉税数据的双向分享及比对、环境保护税纳税信用"黑名单"与环境保护"黑名单"联动管理等并没有整合进信息共享平台内,涉税信息功能共享的数据基础不完全,涉税数据质量有所保留,可能为日后的管理漏洞埋下隐患。同样的问题发生在目前水资源税试点的开展中。税务部门与水务部门的之间系统至今仍然不兼容,水务部门所掌握的《取水许可证》信息、《核定用水通知书》数据掌握在水务部门手里,而企业和个人所缴纳的税款又是流向税务部门。两者之间的信息流至今仍然无法实现实时传递,为水务部门的数据比对留下困扰。

### 3. 申报信息比对效能低

申报信息比对复核为环境保护税征管工作的重要环节。《环境保护税法》规定了环境保护税的征收管理机制，即"企业申报，税务征收，环保协同，信息共享"。这种制度设计初衷上契合了环境保护部门、税务部门各自的职能优势，只要在信息共享环节能够打通，两部门在申报信息比对环节的有效衔接就可以实现。法律也规定了环境保护税复核工作机制，即税务机关发现纳税人未按照规定期限办理纳税申报或纳税申报数据明显异常的，可及时提交生态环境部门进行复核，并根据反馈的复核结果对纳税人进行纳税调整。这一协作机制既厘清了税务机关和生态环境部门在环境保护税管理中的职责，又有效发挥了两部门协作共治的合力作用。但这仅仅是理论上的构想。在实践中受制于我国的科技发展水平和环境监管覆盖度，环境保护部门仅仅能对全国范围内的一些重点污染企业实现监控，更多程度上就是一种普遍撒网的态度。这种小范围的覆盖范围难以满足现实工作中信息比对的要求。如某市六个环保部门中有三分之二未安排专门复核的工作人员。而且往往由于对此项工作不重视，并不能保证精兵强将在此上投入，这对于比对结果的最终质量产生了不好的影响。从更大范围上看，全国的其他不在环保部门范围内监测的数据仅能由企业自行申报。企业自行申报的数据成为了重要的计税依据，其真实性在实践中很难得到保证。就环保部门而言，执法检查监控的为定性数据，而污染源是一个持续动态变化的过程，真实效果很难得到客观的把握，企业通过些许技术手段，可以在环保部门检查期间实现数据的符合。更有甚者，当地的"明星企业"，受到了政府的保护，通过对环保部门的权力寻租实现少交税的目的。有学者在调研中发现，某地在征收环境保护税之前排污费的征收费用标准远远落后于环境保护税的适用税额,以大气污染物为例,排污费每污染当量 0.6 元,环境保护税每污染当量 3.9 元,足足高出了六倍。但从最后征收效果来看,该地区 2019 年环保税税收总额仅仅增长 0.5 倍,这种税收总额增幅远远小于征收标准提高幅度的事情,在各地屡屡发生。[①] 从税务部门来说,一是缺乏以往的数据比对,难以看出数据之间的端倪,错过了对异常的排污数据的关注。二是缺乏足够的专业知识和征收经验,不能够在比对中发现弄虚作假的成分。最终导致相关企业的环境保护税的纳税额度和减免额度几乎由企业自主申报决定。三是"金税三期"工程不能很好地满足信息比对的需要。"金税三期"国家税务总局一直在力推"智能税收系统",并于 2013 年起正式上线,但是"金税三期"在开发过程中显然是没有考虑到环境保护税的相关问题,在后续的两次升级中也没有对环境保护税进行端口融合,导致"金税三期"缺乏关于环境保护税方面的功能模块。体现到信息比对上就是查询功能不完善,没有针对环境保护税的税种特点做专门优化,导致无法提取分类汇总的信息,使得税务机关工作人员只能够通过人工对比的方式进行,效率不高,而且"金税三期"强大的大数据风险识别功能也无法使用。

4. 信息交互方式不安全

环境保护税数据作为税收数据的组成部分,很大程度上涉及企业的核心秘密,也是关乎税务部门和环境保护部门的公信力和权威性。对此需要尊重、保护好企业的商业机密。但是目

---

① 参见但家文,杨丰铭,罗伟:《地方政府应在环境税征管中发挥更多作用》,《中国环境报》2020 年 1 月 13 日。

前来看,整体的信息交互方式还是不安全的。一是在信息共享传输中,理论上应当使用机要专线进行数据互通。但受制于两部门人员计算机水平和保密意识,有学者在调研中发现许多单位仍然在使用互联网聊天工具和非内网邮箱进行数据的共享与传递,这为信息传播带来了泄露风险。二是信息共享保密契约性不强,法律上缺少关于涉税信息共享保密的相关归属,双方没有订立《涉税信息共享保密责任书》,权责的缺失容易造成环保部门和税务机关自身的不重视,为工作人员操作中出现疏忽、不规范埋下隐患。

### (三) 部门间联动配合未实现常态化

#### 1. 联合执法、检查、培训

由于征缴工作的实际困难,在工作中可以开展联合执法、检查,进行征收稽查。可以结合两部门优势解决遇到的问题,如关于税基的确定,有些技术细节由环保部门和税务部门所联合协商确定的。防止各种因单部门工作造成遗漏的现象发生,如企业通过技术手段瞒骗税务机关,但是环保部门可以及时识别。同时也能及时解答纳税人的困惑,如税收优惠政策、税收减免情况,这些资料都掌握在税务部门。在联合执法中也使得两部门可以互相监督,减少了一方渎职的可能,同时也深化了征管协同的进程,实现了真正的共治局面。但目前各地依然采取的是税务、环保各自为政,对于征管协同也只处在初步合作阶段。理论上环保部门比税务部门更了解环境保护税的具体操作,特别是在污染物的确定、税额的计算、税收优惠的把握上,但是这里面的酌量权却赋予了税务机关。税务机关缺乏的环保知识,环保部门是最合适的培训部门。但是在实际中两部门联合培训次数很少,基本上都是各进行各自的培训,且培训重点有所偏向。同时,在数据的传递上,税务机关开发的"金税三期"操作复杂,界面财务性极强,很多环保人员对操作不熟悉。环保部门熟练操作的培训就有赖于税务部门的支持。

2. 联合宣传教育

税法的施行畅通,仰仗于其社会接受性。换言之,公众和企业对环境保护税的态度将决定征管协同的顺畅与否。但是部门间对于宣传教育协调配合不佳,产生了一些不利的影响。如在环境保护税征收过程中,由于宣传不到位,"送法上门"不够,企业自行申报太困难,有些企业本应享有税收优惠政策,但是企业的财务人员没有受到税务部门和环保部门的联合培训,对相关税额的计算,税收优惠的估量不了解,无法精准的确定应缴税额。宣传教育的不足还产生公众对于环保税的认识不足,很容易对其妖魔化,阻碍征管协同。有调查显示,超过三分之一的网友不相信环保税对环境的治理功效,认为是一种巧立名目的敛财方式。超过五分之一的网友认为环保税征收治标不治本①。另一种困扰在于对于环境保护税的宣传责任都落在了税务部门头上。税务部门宣传点多立足于税收的重要性,宣传效果不佳。其实,环境保护部门的宣传也非常重要,他们与纳税人的接触也更频繁、更直接。值此费改税之际,应当向纳税人阐明费改税对企业、对社会、对环境的重大意义,为环境保护税的征收增加便利。地方政府的宣传也应跟上,消除公众疑虑,让公众明白不是"税"多了,而是"费"少了。环境保护税以节能减排为目标,纳税

---

① 参见崔文帅:《黑龙江环境保护税征收问题研究》,黑龙江大学硕士学位论文,2019 年 3 月。

人是真正的受益者。从环保角度环保税的征管带来的"双重红利"利国利民,能够促进生态环境的改善。因此,环境保护税的持续征管中,宣传教育对国民意识的开化有着重要的作用。环境保护税的宣传工作落实到位,将为今后推行与公民有关的其他环境税种打下基础。

### (四) 税务人员缺乏环境保护税征管法律专业知识和技能

#### 1. 人员构成

税务机关在过去的人才招录中一直稳固集中于经济、法律、会计专业,近几年税务信息化的发展,税务机关才开始加大了对信息化人才的需求。但是对环境保护类人才的需求也是从环保税全面征收后才彻底展开。这种对人才需求的滞后将会对环保税的征管协调机制带来不利的影响。以某地为例,现有干部职工中全日制本科学历仅占总职工人数的百分之三十不到,且现有存量人员普遍年龄过大,对精细化的新型税务工作不能很好适应。这样的人员组成也不能适应现有环保税进程中对综合化、全面化、法律化税务人的需要。在实际的征管中,也出现了税务机关人员缺乏专业知识无法有效展开税收征管及与环保部门很好沟通,使得征管协同机制的质效性普遍不强。目前税务机关工作人员压力过大,普遍的一个税务机关工作人员配额比超过一百八十个纳税企业。繁重的业务压力使得税务机关工作人员疲于应付,就对关键的税源巡查、数据复核等需要与环保部门协同互动的地方大打折扣了。

#### 2. 人员培训

同样,针对税务工作人员面对环保税征管业务性不强的问题,应及时开展针对性的培训。在通过查阅各个税务局官网进行关键字搜索过程中发现大多数税务机关在环保税开征前进行过一次业务培训，这显然是不够的。环境保护税征收工作专业性强，且涉及到环境科学、税法学等多学科、交叉学科知识。在环保税征管培训中应更多注重程序性培训，贯彻业务培训的"传、帮、带"，建立周期性、长期性的培训机制。

### (五) 地方政府支持力度不足

#### 1. 地方政府缺乏统领性作用

地方政府对环境保护税的支持力度是形成征管协同良好局面的关键。从法律层面上来说，《环境保护税法》第十四条第三款已经明确了县级以上政府的义务。以江苏省为例，通过浏览江苏省各级政府、环保部门和税务部门网站，可以发现多数本级政府并未召开过环保部门与税务部门的联席会议。有的地方政府仅在环境保护税开征之前召开过一次联席会议，但只是对法律条文和实施细则的简单重申，并未对两部门的分工协作机制作出进一步的部署。大多集中在 2017 年 7 月在国家税务总局和环保保护部正式签署《征管协作机制备忘录》。各省税务部门和环保部门也发出了《关于建立环境保护税征管协作机制的通知》等文件，但是内容过于笼统。如某中部地区县政府办公室发出的通知，共分为提高思想认识、加强组织领导、健全保障措施三部分，只是原则性地阐述了环境保护税征收的重要性、建立各部门征管协同机制的必要性。征管协同机制不仅要建立，而且要落实到正常税收征管过程中的分工协作，为此需要厘清各部门的具体职责，对各个职能部门进行任务分解，责任到户，避免协作流于形式。还应由当地政府牵头，将部门间联席会议制度常态化，订立时间表，把不同层级会议的时间确定。提高会议效率,在会议上通过各部门群策聚力,研究讨论日常征管中发现的问题。如果缺乏地方政府刚性统领,两部门在行使职权时更多地只站在本部门角度,难以形成一个共同的导向。利益导向难免导致两部门直接互相制约或者互相观望的博弈怪圈,导致税收征管协同效率低下,这对征管协同的愿景是非常不利的。

2. 县级以下政府支持力度不强

俗话说,"县官不如现管"。"费改税"的本意有一方面就是改变原行政收费中本地政府自抓自管自用中可能出现的行政干预和管理力度不够的问题。将环境保护税彻底纳入法律框架中,由税务部门统一征管,理想化的制度模型中应该可以杜绝这一问题,但是《环境保护税法》对县级以下政府的约束力不够,这已然成为了一个问题。以乡镇级别进行环保工作的环保所而言,传统上的乡级环保所归乡镇政府管辖。相较于县级环保局而言,乡镇级的环保所并没有执法权,加之人财物都要受到乡镇政府的掣肘,乡镇的环保问题由乡镇政府拍板决策。在实际的操作中也发现很多环保所对乡镇企业进行检查但却被企业拒之门外的尴尬场面。这就给当地乡镇企业很大的操作空间。再加之相比于县域经济,乡镇经济比较单一化。很多乡镇的经济就靠几个重点企业来拉动,这些企业虽然都是一些高污染企业,但这些重点企业同时解决了当地的就业问题。在目前经济下行的压力下,乡镇政府要保证经济的平稳增长,实现"拼就业"的目标;要保证本地人口的不流失,实现本地人口就地就业,推动城镇化建设,实现"拼就业"的弘景。实践中,有的乡镇企业为了逃避执法检查,设置了众多的排污排水口,要不就是白天不排晚上拼命排。至于县环保局虽然有执法权,可以对县域内所有的乡镇企业进行执法监测、检查,但受制于人手、经费,也仅能对城关镇、经济重点镇的重点污染源进行监控,无法涉及非重点乡镇。总体而言,环境保护税的征管在乡镇区域这类基层容易形成"真空地带",政府在这些区域的支持力度被弱化,容易产生征管、监管漏洞,影响了环境保护税税收征管协作的局面和环境保护税功能的发挥。

自 2016 年 9 月开始,国家开展了环保垂直改革试点的制度改革。以最先参与试点的河北省为例,县级的环保部门将归口于地市级环保局管理,变为市级环保部门的环保分局。而乡镇的环保所隶属关系确定为县环保局的派出机构,由县级环保部门负责具体的业务指导。如此一来,乡镇环保所就拥有了事实上的执法权和监管权。虽然在改革中也出现了一系列的问题,如经费缺失、编制无法落实导致的队伍建设不稳定、条块权限存在重叠、责任落实难以到位、跨地区环保监管问题理顺困难等问题,但随着改革的深入,乡镇一级环保所的实质自主性将得到强化,基层环保的网格化监管也会逐渐拉开,"承上启下"的作用会得到凸显,在环境保护税收征管方面的协调工作也会更有效的展开。

### (六) 对两部门缺乏监督问责机制

两部门在征管协同中缺乏内外监督、问责机制,这是环境保护税征管过程中遇到的一个问题。《环境保护税法》及其实施条例规定了税务部门和环保部门的职权和义务,涉及到两部门法律责任的是在《环境保护税法》第二十三条,规定违反本法规定可依照《税收征收管理法》《环境保护法》和有关法律法规的规定追究法律责任。① 但是上述两部法律并没有针对税务部门和环

---

① 《环境保护税法》第 23 条。

保部门在信息共享和工作配合中的行为规定相应的法律责任。由于环境保护税的协同征管是新的税种、新的工作制度,在其他法律法规中也找不到有关法律责任的规定。这种追责机制的缺席一旦两部门出现渎职行为将没有法律依据进行追责。法律应该做到权责相统一,对权责规定不明确,很容易引起征管部门权力过大,为渎职、寻租行为发扬空间,同时很难真正起到对两部门实操的约束作用。此外,《环境保护税法》并没有确立起一套监督机制。监督机制包括外部监督和内部监督。内部监督包括政府的总体监督、审计部门的账务监督、司法部门的合法性检查。《环境保护税法》及其实施细则并未对协同征管工作中的监督作明确规定,也未规定公众监督的条款。环境保护税的主要功能是环保,事关公众福祉。环境保护税的征管工作也涉及纳税人的权益,但非常遗憾的是在现行的法律法规中没有有关公众监督和纳税人权益保护的条款。

## 第三节　环境保护税收法律体系中征管协同机制的完善

### 一、环境保护税法律体系的再完善

#### (一)《税收征收管理法》对征管协同机制需进一步确认

征管协同机制已经成为税收征管体系中的必要组成部分,作为税收程序的上位法,《税收征收管理法》应尽快修订,把"征管协同机制"这一基础性制度进行法律上完整的确立,以保障其下的实体法立法有据,漏洞可补。首先,应单独设置章节,对征管程序需要协同中的分工进行原则性规定。其次,在立法时能够协调不同税种法和其他协同方规制法律的冲突、矛盾,理顺相关的法律关系。还要对征管协同责任进行强调,阐明权责义务,树立起惩罚机制,同时保障协同方权益,增加协同遇到的纠纷调解相关内容。最后,传统的征管法将税务活动全盘定位给了税务机关,但征管协同现象的出现导致这种立法授权主体的单一化滞后,不利于现有及未来税收活动开展,《税收征收管理法》有必要将税收征管活动中的部分主体行政行为(如环保税征管中的税务检查)授权授予协同方。

### (二) 环境保护税征收中各部门的法律责任要明确界定

#### 1. 征管行为中各部门的征管责任明确

在两部门征管协调机制的模式下,要解决的关键问题是法律责任,这样能够为征管协调提供制度约束力,挖掘各方的积极度。《环境保护税法》应明确税务机关和环保部门在征管协同中的各项权利、义务。在信息共享与传递中,对于存量数据交接、互通不到位,要明确环保部门的失责。信息平台建设中标准、覆盖、比对、安全不如意的问题,要明确是哪部门失职导致的协同失效,进行追责。在部门联合配合行动中,消极联合执法、检查、培训、宣传,要进行责任确定。税务机关不能够及时培训员工导致对接不利,也要追责。地方政府统领不到位、支持力度不够,导致的征管协同实际效力不好,也要进行责任确定。应制定完整、全覆盖的征管协同责任清单,并及时根据本地实践进行更新,让消极和懈怠无处遁形。

#### 2. 纳税人的法律救济

出现纳税争议时,纳税人该向哪个部门寻求有效的法律救济,以及税务机关与环保部门分别应承担怎样的法律责任,也是急需明确的关键。[①] 对于能够协商解决的税收征管纠纷,环保部门和税务部门可以建立联合小组,以统一与纳税人进行协调,避免两部门各执一词导致的纠纷扩大。对于纳税人利用行政复议和司法手段进行的权益维护,在当事人的确定上应给予积极明确,让纳税人找得到第一责任人。

3. 地方政府职责

地方政府在环境保护税征管中的地位、作用都应该得到具体的明晰。首先,作为直接面对本行政区域总体的执行和社会治理机关,其代表的是中央行政机关派出的意志。面对中央政府推动环境保护税征管的决心,地方政府就应该树立一个大局观,服从中央政府和环境保护税相关法律法规的要求,积极推进该工作的开展。树立全局观念,明确好自己的职责,统筹、协调好各个部门之间的工作,做好第一责任人。在环境保护税的征管工作中,地方政府从道义上肩负着领导、监督、协调的作用,应当明确、厘清税务、环保两部门具体的职责。同样《环境保护税法》中仅明确了企业、税务、环保三方主体的责任和义务,对地方政府却无实际的职责要求,导致了在目前现有的环保税征管模式中地方政府职责不明,容易导致不作为。县级以下基层政府对环境保护税征收的积极性不够,甚至阻扰征收工作地进行。因此,在环境保护税法律体系中应该在下一步明确好从地方到中央五级政府的职责以及处罚措施,使地方政府权责一致,能够发挥好税收征管的领导及统筹作用,积极主导联席会议,把其制度化和常态化,帮助协同两部门的工作,协调解决两部门所遇到

---

[①] 参见刘金科:《推进环保税立法重在协调二字》,《中国税务报》2015 年 7 月 29 日。

的难题,监督两部门征管协调的实施情况。确定责任清单,对照整改,为环境保护税的征管工作推行奠定坚实的基础。

## 二、推动征管协同制度配套制度的优化

### (一) 推动各省制定税收保障办法

税收保障法是保障税收征管的法律。在很长一段时间内,由于《税收征收管理法》的一些规定不完善也不能有效地及时更新,为了防止在税制改革进程中,各种新产生的税种征管的不顺利,税务部门和征管协同就以两部门联合发文的方式,有时是部门规章、有时甚至是所谓的红头文件,来规定一些具体事宜,保障新税的征收。这种方法虽然快捷有效,并且有一定的功效。但是更多带有行政色彩,在全面依法治国的进程中,税收法定原则应在税款征收环境得到落实和体现。另外国务院部门联合发文的法律位阶过低也造成了实际过程中仅对其直属业务部门有约束力,对地方政府仅能采用“商量”的语气,造成的实际功效不强,对征管协调的实际帮助要打上一个问号。另外太多的“红头文件”也会造成行政条文对法律条文的冲击,以及过分冗杂的部门形象,不符合“国家管理”到“国家治理”的外在形象。所以在税收开展的实际中,应当呼吁设立税收保障法,用法律搭建起具有刚性的制度约束,为税务征管协同搭建好共治共享的平台。一部税收保障法应当包括税收征管协同的方方面面,包括对违法责任处理措施以及推动税收征管协同的奖励措施。本书认为应该积极鼓励各省先行实践试点,积极探索本地方“党政领导、税务主责、部门合作、社会协同、公众参与”的税收共治格局,善用地方立法权,最终在地方人大的推动下因地制宜制定适宜本

地区合适的税收征管保障办法等地方税收保障法规,让各个省份税收保障有"法"可依。经过试点最终将各地经验中行之有效的成分进行"公约数"提取,制定全国统一的税收保障法或者将有关税收保障内容写入税收征管法,真正做到由点到面的全范围覆盖,为推进税收治理现代化助力。

### (二) 地方政府主导的议事协调机构要制度化和常态化

目前来看,各地环保税征管工作自主性很强,但都缺乏了地方政府主导的议事协调机构。地方政府主导的议事协调机构对征管协同是非常关键的,一方面地方政府是两部门的上级、领导者。如果让两部门进行自主联席议事协商,很容易在前期时热情满满,产生前期初步合作,但后期执行不到位,没了下文,因为两部门谁也约束不了谁,各自召集人又是平级关系,虽然灵活性很大,但产生的制度刚性约束几乎很低;又或者两部门势均力敌,工作在本级别之内很难协调。要实现协调,需要形成政府牵头,环保部门和税务部门"中轴依附"的局面。在议事协调机构中,由于有上级权威的介入,一方面能让两部门形成合力,部署和加强事前准备、信息交互、资源整合,满足征管协同的需要。另一方面,两部门在这种长期性的议事协调会议中可以及时沟通反应征管协同中遇到的现实问题,若超出两部门的权限框架,这时候地方政府作为本区域最高行政机关的权威就可以显示出来,通过做出统领性的跨资源调动,包括在环境监管中水务、工商部门的配合、经费的落实、编制的扩张,以解决征管协同中遇到的问题。但也同时需要注意避免环保部门和税务部门的议事协调会议过多、过于混杂的局面,这种机制贵在常态化的保持。

### （三）明确环境保护税的税额归属和相关的经费的落实

因为"税负平移"效应，环保部门肯定会受到过去"以收定支"思维的影响，但事实上环保部门的"征管权"已被剥夺。而在国务院的通知中，仅仅是明确了环境保护税不用与中央分成，直接为地方所有，但并没有明确税款应该怎么用。这就给了环保部门的许多遐想。而没有明确环境保护税税额的最终归属，地方政府会如何分配，也是一个重要命题。参考国际经验，以大气污染为例，挪威、丹麦等国，会将所收取的环保税返还企业，以成立专门的基金，用于企业自身的污染治理、环保设备改造等。法国、美国等在征收水污染税的过程中，在征收目的中就明确了税额将成立基金并最终用于环境保护治理。因此，为了避免地方政府滥用、挪用环境保护税额，避免部门利益的纠葛，确保环境保护税能真正用在环境治理工程中，《环境保护税法》应对环境保护税的具体用途进行明确，确保专款专用用于环境治理投入。此外，面对排污费收入缺失，部门利益受损的环保部门，为防止其积极性、配合度不高而破坏征管协同，有必要保证环保部门的经费落实。过去地方政府把排污费中的部分拨给环保部门，很大程度上是因为该有的环保部门经费不能完全落实到位，使得环保部门成了事多钱少的"清水衙门"。现在的征管形式，环保部门可能面临更大的经费缺失，因此要保证环保部门的经费落实，解决其后顾之忧，激发其在环境保护税征管协同中的积极性。在经费的落实中，一是要落实环保部门内外的绩效考核体制，内部进行完善的制度建设，保证参与环保事业的工作人员有劳有得，外部由本级政府、其他部门、公众进行联动打分考核。内外联动，决定环保部门经费的多寡。二是要将经费向基层倾斜。在征管实践中，受制于基层人财物三缺现状，环保监测实际覆盖有限,易造成税款大量流失,因此有必要让这笔经费能够化解基层环保事业的供需矛盾。三是税收部门在征收税款时会从中提取一笔征管费用,以保障征管工作的开展。那么环境保护部门同时作为实质上的涉税单位,也有必要参照税务部门提取一定量的征收经费。

## 三、完善信息共享与传递平台的运行

### (一) 内部问题收集与反馈机制的建立

国家税务总局和生态环境保护部应当部署各级税务机关、环保部门层层建立环境保护税问题收集与反馈机制。目前遇到的情况是基层部门在实践中遇到很多问题,但苦于内部无有效的问题收集和反馈机制,导致很多基层工作者无法反馈基层征管工作中的问题。有些基层干部只能通过外部渠道,如在各种期刊媒体发文、网上反映问题。因此,有必要建立问题收集反馈机制,听取一线的意见与反馈,让征管协同在理论和实践中达到均衡。同时,两部委和各个上级应对基层税务干部在实践中遇到的问题及时给予解答,及时找出解决问题方案。

### (二) 数据交互平台的深入建设

对于两部门的涉税信息分享平台建设,必须提升标准,统一规范,严格按照"实时传递、同步更新、随时比对"建设标准。对于前期的存量数据,应积极利用好这些数据资源,积极入库进行两部门互通,利用税务部门的大数据系统进行整合强化,让数据回归价值,对未来应对税收风险也有积极的意义。应全力推进多部门数据平台建设,两部门的环保信息共享必须是全面的,这就对信息标准提出了要求,不能停留在信息交流的表面陈词中,要进一步的对信息的相关标准、交送频次作出进一步的规定,保证信息间标准合一,能够相互兼容,及时互享。从信息共享度来说,要打通涉税数据的双向传递障碍,对于更深层次的环境监测数据、环保处罚数据与排污许可证数据、双方涉税数据的双向分享及比对、环境保护税纳税信用"黑名单"与环境保护"黑名单"联动管理也同时要整合进信息共享平台内,使涉税信息功能共享的数据基础更加完备,让涉税数据质量更高,让信息比对效能更强,让征管协调更有深度。在技术支撑领域,将积极争取环保数据资料嵌入"金税三期"征管系统,对环境保护税进行端口融合,打造关于环境保护税方面的功能模块,构建符合绿色税制特点的现代化信息管理体系。实现信息比对自动化,分类汇总全面化。最后保证信息传递的专网专用,让信息传递更加安全。

## 四、加强税务部门对环境保护税收法律体系的认识

### (一) 在税务机关内部设立环境保护税专门监管执法机构

　　税务机关在本轮税务机关改革中应该厘清各个税种之间关系与联系,进行分门别类,特别是注意到跨多部门需要协同征管的税种,方便对接,以增加相应税种征收的效率。特别需要指出的是,我国的资源税也正向着"绿化"形式改革,"绿色税制"大势所趋,特别是河北省水资源税的改革,作为资源税全面改革的先导,现已逐渐扩大到 9 省市,显示了国家依法治国和生态保护的决心。资源税和环保税有着相类似的情况,如多均为"费改税",均为保护生态环境、倒逼企业保护环境为根本目的而设立,均需

要税务部门与其他部门的征管协同。[①] 从科学征管的角度看,笔者认为出于降低征管成本、提升征管协同效率和服务水平的需要,税务局可以将环境保护税和其他资源环境类税种一并实施综合管理,在税务局内部设立专门的资源和环境税管理机构,专门负责组织实施环境保护税等税种的征收管理和与其他部门(如环境保护部门、水务部门、自然资源部门)的对接工作,既有利于降低征管协同难度又有利于减轻纳税人的办税负担。

### (二) 环境保护法类专业人才培养与招录

环境保护税征管工作的顺利推行离不开专业的税务征管人才。但是目前教育领域对环境保护专业人才培养的缺失,造成了环境保护专业人才短缺的尴尬。我国目前的高等教育多对接市场需求进行办学,将大量的教育资源运用在热门专业的运作上。而"生化环材"专业被认为是最冷门的专业[②],环境相关专业位列其中,已毕业学生普遍反映就业比较难,薪资待遇较低,而中途放弃原专业进行转专业学习的学生也大有人在。需方市场的孱弱反作用于供方市场高等学校,结果就是造成了一种闭环式的恶性循环。要破解这一难题,关键还是在于要转化市场观念。随着生态环保理念的持续深入、政策法规亦趋严格、环境税坚定不移的推行,环境保护和污染治理必将成为所有企业和个

---

[①] 参见财政部、国家税务总局、水利部:《关于印发〈水资源税改革试点暂行办法〉的通知》,http://www.chinatax.gov.cn/n810341/n810755/c2132428/content.html,下载日期:2019 年 11 月 30 日。其中第十九条明确应建立地方税务机关与水行政主管部门协作征税机制,说明水资源税征收主体为税务部门,但仍需要水行政主管部门的征管协作。

[②] "生化环材"专业主要包括生物(医学)工程、化学工程技术、环境科学与工程、材料科学与工程专业,其中涵盖数量不少的二级学科。

人必须考虑的一个重大问题。关于环境保护这一可有可无的边缘化问题也必将成为企业发展的潜在效益。这一正确的导向必将使得环境相关专业焕发生机。但导向的速度需要时间的考验。而当下，优化好现有的环保人才存量问题，需要靠税务部门的努力。税务部门加强对环境保护专业人才的引进是推动征管协同的有效途径。根据我国法律，税务部门作为政府组成部门的行政机构，其内部人员为公务员编制，所以招纳人才应通过国家公务员考试。[①] 因此应建议税务机关通过公务员考试发放一定的编制面向环境保护相关专业人员，以解决目前税务干部环保专业能力不足问题。通过查询国家公务员局网站，可以发现2017年开始，国家税务总局已经通过国家公务员考试开始招录部分环境科学与工程专业的研究生，而山西、江苏、湖北、湖南等各省的税务机关也在2018年公务员招录计划中专门划定名额，招收环境保护相关专业人员，以补充到税务干部队伍中。从2019年起，几乎全国所有省份的税务各级机关都有对环境保护相关专业人员的招聘。可以预见随着税务机关公务人员招录的愈加多元化和全面化，未来税务局关于环境保护税与环境保护部门的征管对接会越来越协调。

## （三）执法知识、技能培训

由于税务机关编制有限，以县级税务局为例子，即使在2019年，各级税务机关对环境保护相关专业公务员招录名额一般也只维持在一人左右，且从招录公告发出到专业人才的最终录用足足需要大半年。这就导致了公务员系统招录周期较长。所谓

---

① 参见《公务员法》第二十三条。

远水解不了近渴,要真正在较短时间内满足环境保护税征收管理需要,提升广大税务干部环保知识,进行常态化的技能培训才是关键。做好环境保护税征管工作,关键还是要加强环境保护税业务培训。所以当前应抽出与环境保护相关的业务骨干进行环境保护相关知识的培训,以更好完成环境保护税征管工作才是务实有效的思路。培训主要有两种方式,一是税务机关内部培训。国家税务总局应当及时组织税务系统环境保护税业务培训班,专门培训环境保护税师资力量,用好税务学校功能等。地方各级税务系统统筹安排,负责对环境保护税业务的税务干部进行全员培训。二是税务机关和环保部门的联合培训。各级税务机关邀请环境保护专家学者培训环保法律法规、环境污染防治、环境监测等专业知识。三是持续培训。国家税务总局把握全局,制定培训标准和课程大纲,统一录制标准化培训视频传至税务机关的学习平台,提供给各级税务机关环境保护税业务骨干随时网上学习。

此外,还可以参照法学院的订单培养模式,各级税务机关与地方院校相关院系建立战略合作关系,为相关部门提供专业性人才。高校教师可以充当智库功能,通过专业知识和调查研究,为化解制度性难题提供解决方案。面对与环保部门的征管协同问题,还可以与同级环保部门互派干部挂职,这样就能从同理心角度,更好地了解对方在征管协同中哪方面存在问题,哪方面缺乏沟通,本单位在哪方面没有对接上挂职单位的需求导致了对接困难。对挂职单位而言,挂职干部具有双重行政权力,决策对双方都有一定的刚性,掌握话语权。这种方法既能够加强业务交流学习,又促进相互理解配合。

## 五、构建制衡监督和管理机制

### （一）引入争议解决机制

作为跨部际交域，征管协同中肯定会存在着许多争议。这种争议包括环保部门与税务部门的争议，也包括环保部门、税务机关与纳税人的争议。争议伴随摩擦，如果不能够友好地解决，势必加大环、税、人三方的对立与矛盾。因此建立起争议解决机制尤为重要。传统争议解决有协商、行政和司法，在环保税的征管中同样适用。协商在平等主体之间进行，所以协商解决机制更多用在政府部门交际之间。两部门在地方政府的领导下建立对话平台，来调和彼此矛盾。过去政府部门间协调更看重话语权大小，最后在主事者地方政府的"关注下"各打五十大板，达不到根本争议解决的目的。因此而需要引入政府法制顾问或者政府司法部门的三方评判机构，引入法律、学者智囊团队，进行法制化分析和效度分析，最终给予评判，使得争端的解决方式和结果更加民主化、科学化、法治化。而行政的解决方法更多是本级政府对自己所属部门征管协同争议中的判断，这种方式效果强，且隶属部门整改迅速。但也要考虑到环保部门垂直化管理的趋势，未来县级环保部门变成市环保局的分局，不再属于县级政府管辖。如果要能保证行政解决有效，那政府主体至少得要上升到市一级。很显然，这就不仅仅是本行政区域跨部门的事情了，沟通效率有可能会降低，因此这样解决方式可能会失效。在解决方式中，民主公正的协商渠道要优于行政解决渠道。而司法解决方式则用于纳税人维护自身法律权益。

## （二）第三方监测机构的新探索

环境保护部门已对排污许可证管理作了暂行规定,明确环境保护部门可通过政府购买服务的方式,委托第三方机构对排污单位的台账记录和执行报告进行审核,审核意见作为生态环境部门监督检查的依据。由此可见,第三方机构的服务重点应与环境监管的方向一致,对排污许可制度的建立和完善提供有效服务和支持。虽然暂行规定出台在前,是围绕《环保法》《水污染防治法》《大气污染防治法》等制定的,但环境保护税的计税依据与排污许可制度具有内在一致性,落实好排污许可制度,促使企业严格执行环保监测技术规范,准确核算应税污染物的排放量,则能够有效防止环境保护税税收流失。所以作为税务机关,应当鼓励纳税人采用第三方监测机构监测数据申报纳税,鼓励发展独立的第三方机构,为纳税人提供更专业更优质的服务。一方面,我国环保机构确实无能力实现环境监测的全程覆盖,只能对重点区域和重点污染企业实现监控,且受制于资源的紧缺,在监测的频率上也会大打折扣。第三方机构作为面向市场的专设机构,相比于环境保护部门要处理诸多事务,能专注于特定领域,集中于满足购买方的需求,且设备和人才都是基本上能够满足本地区的监测需要的。特别是那些环保部门资金短缺、技术人才缺乏或者区域面积过大无法实现全监测领域的地方而言,第三方机构的参与都是利好,可以在短期内帮助税务部门以不高的价格破解征管的数据监测难题。因此,从长远上来看,将第三方监测机构引入目前环境保护税体系的征管中,既有利于纳税人也有利于税收征管,也是诸多国家的发展方向,应予鼓励支持。但目前来看应注意以下几个方面的问题:首先,对第三方监测机构的规范管理还不到位,缺少相应的机制手段确保纳税人提供的第三方监测机构监测数据的准确性、真实性。第三方机构本质上还是私立企业,其以营利为主要目的。在巨大的利益诱惑面前,其能否保证监测结果的公平公正,以圆满地帮助税务机关获取精准的税源,尚存疑问。因为第三方机构监测服务都为政府集中购买,在购买中政府统一议价。面对被监测企业的更高价利诱时,会不会串通一气提供不实数据,甚至出现数据造假。会不会借着自己是指定监测机构而"狐假虎威"?这种第三方机构"两边通吃"的行为需要防范。因此,在第三方机构入场后应当坚持规范管理。第三方监测机构的入场并不意味着环保部门的"退场",环保部门仍然是数据传递的重要部门,对环保监测数据有着重要的核实、监督职责。在这种情况下,其监管的职责更需要加强。当然环保事业未必都有第三方愿意进入。很多地方没有进行彻底的市场化改革,特别是触动了原环保部门职能的情况下,监测机构为代表的资本方不愿介入。可以学习山东省在空气监测方面的"TO"模式。因此,需要在完善税务机关和生态环境部门复核管理机制,以及对第三方监测机构开展有效管理的基础上,探索发展独立的第三方监测服务机构。初步模型为"税务征收-第三方监测-环保监管-公众监督"。运行模式为税务机关保持原有征收税务职责不变情况下,通过购买第三方机构的监测服务,将数据源变为第三方监测机构直接向税务机关提供和环境保护局备份。环保部门同时对监测数据进行随机、不定期、抽样的监管以保证其准确性。第三方机构属于税务机关和环境保护部门复核管理。以上所有行为均受公众的监督。这样既能保证税收征管的高效,又创新了协同体系。与此同时,此模型还简化了税制,大大提升了征管效率。第三方机构的市场化保证了其与环境保护部门和税务机关的高效对接,而环保部门从与税务部门的"解放"中腾出手专心对第三方机构进行监管,其只对监测结果的复核负责,保证了其专业性和威慑力。第三方机构在失职造成税务机关与纳税人税务纠纷的情况下,可以直接确定税务机关为被告或者被申请人。事后由购买方税务机关直接追责即可。这种模式还厘清了法律纠纷中当事人不明确的问题。此外,两部门还可以探索建立对第三方监测机构的"黑名单"管理制度,类似于税务黑名单类的联网模式,为第三方监测划一道红线,僭越了即被市场淘汰。还应广泛发动人民群众对第三方监控机构的监管,进一步完善环境保护税监督管理机制,确保第三方监测机构依法依规为纳税人提供更加优质的涉税服务。

### (三) 征管协同机制中公民权利的实现

环境保护不是只涉及个人利益的小事,它是事关全国人民,全人类福祉的大事。环境利益不仅关系个人利益,更涉及全人类的共同利益,不仅是当代人的共同利益,也攸关子孙后代的利益。环境保护税的目标就是为了治理环境问题,减少污染物排放,保护环境利益。环境和税收两个问题都应伴随着公众、企业的全程参与,公民的权利也应在此得到弘扬和体现。环境公平原则确立了污染者负担制度,而环境民主原则即赋予了我们每个公民都有在制度内外参与环境问题的权利,这两者是并行不悖的。广泛而有效的公众参与才是推动环境保护与可持续发展的根本力量与核心着眼点。因此,应当保证公民拥有相关的知情权,这是公民参与环境决策的前提。税务部门和环境部门应当及时定期向公众发布环境保护税征管相关进展,增加自身透明度,包括但不限于本地区环保税纳税人清单、环保税收优惠政策、信息共享与传递平台的建设、征管协同机制责任人清单和联系方式。及时与公众沟通,向公众普及环境保护税征管中的税收问题与环保问题。还应拓宽和畅通参与渠道,让公众、学者、学生的眼睛能注视到征管协同的进展,为其参与实地调研提供便利,召开各种形式的座谈会,让各家各言皆入政耳,为环保税征管协同建言献策。这不仅顺应了环保法和税法的内在要求,也有利于增加环境保护税的可接受度,推动税收征管协同的效率。纳税人也应在税收征收、税收处罚和税收救济中得到充分的权利保护。但现实情况是在税收征管协同的语境中,充满了环保部门和税务机关的角力,纳税人的权利并没有明晰。在税收征管中,纳税人面对晦涩难懂的自主申报程序可能遭遇到环保部门和税务部门的数据“打架”;在行政复议和行政诉讼中,也还存在着主体模糊无法确定另一方当事人的问题。为此法律不能只设定纳税人义务而回避赋予纳税人权利,应该做到两者的统一。纳税人也应逐步树立自己的权利意识,逐步推动税收法律制度的转变。

# 第六章 环境保护税环保功能的重要保障——专款专用原则

与直接的命令控制型环境治理方式不同,环境保护税可获得财政收入。这部分收入可以具有广泛的用途,例如可用于消减财政赤字、降低其他税收等。环境税收入的使用是环境税制度中的重要组成部分,其重点就是环境保护税收入的使用方式问题。

## 第一节 环境税收收入使用制度概述

### 一、环境税收入使用的三种方式

环境税收入使用根据收入使用的方式不同,可以分为纳入公共财政一般预算、税收返回和专款专用。税收返回指将环境税收入依法返回给特定的纳税主体。纳入公共财政一般预算在进入预算收入和支出方面不具有专门性,而专款专用是指将环境税收入用于特定项目和支出,通常用于环保项目或其他特定支出项目的收入使用方式。环境保护税具有财政收入性,国家征税的主要或次要目的都是为了获得财政收入,这是税收的基本要素。[①] 采取将环境税纳入公共财政一般预算,可以弥补财政赤字,同时政府可以较为灵活地使用这笔收入。采用这种模式,环境保护税收入跟其他一般预算资金一样,没有特殊性。国家将根据社会公共管理的需要进行预算支出。而专款专用方式将环境税收入一部分或全部用于环保事业,有利于集中资金,治理环境污染。因为专项使用,有利于接受公众的监督,使环境保护税实至名归,更有利于公众对环境税开征支持和可接受度。税收返回模式也称为收入再循环模式,将环境税开征形成的收入部分或全部地返回给相关纳税人,再回到被征收的领域。这种模式目的在于消除环境税对行业、家庭和个人的影响,旨在维持税收中性,也有利于提升环境税开征初期的可接受程度。

## 二、各国环境税收入使用的实践

### (一) 专款专用原则适用的普遍性

专款专用原则是目前各国环境税收入使用的主要方式。澳大利亚、挪威、丹麦、法国都采用了专款专用的模式,其环境税改革也非常成功。以澳大利亚为例,澳大利亚政府设立了专款转移援助项目,以促进能源节约。针对制造行业推出了清洁技术投资项目,促进制造商投资能源效益设备,开展清洁产品生产提供资金帮助。法国环境税由中央和地方共同征收,所形成的税收收入由法国环境保护部负责分拨给法国六个大区的环境保护

---

① 叶莉娜:《论我国财政收入使用制度之构建》,《上海财经大学学报》2019 年第 1 期。

中心,再由六大环境保护中心依据专款专用原则进行资金划拨,主要用于治理污染的各个项目。[①] 在环境税实践中,专款专用原则因其有助于环境税环保功能的发挥,以及在初期有利于提升环境税的可接受程度而受到各国政府青睐。

### (二) 税收返回模式适用的优势

税收返回模式能降低环境税开征对相关行业、个人的影响而被许多国家采纳,尤其是在碳税收入的使用中。瑞典、芬兰、荷兰、德国都在不同程度上将税收返回作为环境税收入使用的方式。瑞迪和芬兰主要将碳税收入用于降低雇主和雇员所承担的所得税负担;德国碳税收入主要用于减少雇主和雇员所承担的社会保障税负担。欧盟在环境税的推行中主要采用的就是环境税收入的再循环模式,即将环境税收入用于降低低收入工人的非工资成本。欧洲环境税改革的经验证明,当环境税收入用于降低其他扭曲性税种时,则经济效果明显要好于其他收入使用模式。[②]

### (三) 混合式模式适用的出现

基于环境税开征的目的,各国在环境税收入使用中开始采用所谓的混合模式,即同时采用上述三种模式,其典型代表是美国。美国的超级基金税和汽油税都采用专款专用的模式,用于为联邦政府提供清洁废弃地的修复资金。阿拉斯加州的碳税一部分专款专用于支持提高可再生能源投资,其他用于帮助恢复

---

① 叶莉娜:《论我国财政收入使用制度之构建》,《上海财经大学学报》2019 年第 1 期。
② 高培勇:《尽快启动直接税改革——由收入分配问题引发的思考》,《中国税法评论》(第一辑),中国税务出版社 2012 年版,第 1 页。

州公司竞争力和鼓励地方企业发展。①丹麦政府也同时采用了专款专用和税收返回两种方式。

## 三、对我国环境保护税收入使用制度构建的启示

环境税收入使用的三种模式各有优势,从美国、丹麦、瑞典等国环境税收入使用的实践来看,坚持税收中性,坚持专款专用原则为主,同时将部分环境税收入用于税收返还的做法提升了环境税收入使用的效果,更好地实现了环境税的功能。这些实践做法,为我国环境保护税收入的使用提供了有益的参考。

### (一)坚持税收法定和税收中性原则

落实税收法定原则就是坚持人民来决定征税和用税。② 征税要贯彻税收法定原则,税收收入的使用也要坚持税收法定原则。从现行立法来看,在《环境保护税法》及其实施细则中没有规定环境保护税税收收入的归属,也未规定税收收入的专款专用原则。2017 年 12 月 27 日,国务院发布《关于环境保护税收入归属的通知》(国发〔2017〕56 号)中规定经国务院决定,环境保护税全部作为地方收入。部分省份在环境保护税收入划归地方收入的前提下,进一步制定了税收收入在省与市(州)、县及市与区之间的划分比例,例如北京市在《北京市人民政府关于环境保护

---

① Regional Economic Models, Inc(REMI), Environmental Tax Reform in California: Economic and Climate Impact of a Carbon Tax Swap, March 3,2014.

② 许多奇:《落实税收法定原则的有效路径》,《法学论坛》2014 年第 4 期。

税收入市区分享比例的通知》中确定市、区按照 50％∶50％分享环境保护税收入；湖南省发布的《关于明确环境保护税省与市县收入划分办法的通知》中规定，环境保护税由省与市州、县市按30％∶70％的比例分享。有关环境保护税收入使用的专款专用原则的确立直接关乎环境保护税环保功能的实现，亟待立法和相关法律文件加以确认。

在我国，环境保护税作为新开征的税种，其收入使用要体现税收中性原则的要求，税收收入除了用于环保目的，还要用于降低企业所得税等扭曲性税种，保持企业总体税负不变，以提升环境保护税的社会可接受度。

### (二) 以专款专用原则为主

在我国环境保护税税收收入的使用中确立以专款专用为主的原则有利于环境保护税环保功能的发挥，有利于提高环境保护税的可接受度，也有利于公众对环境保护税收入使用的监督，无论是我国的现实国情，还是国外推行的实践经验，都要求我国环境保护税收入制度应坚持以专款专用原则为主。

### (三) 分类别混合使用模式

在坚持专款专用模式为主的基础上，对环境税收入进行分类使用，分别用于环保目的、税收返还。根据我国环境管理实际情况，可将资源税收用于一般财政收入，而环境污染与破坏类收入专用于环境治理，未来开征的碳税则可考虑用于税收返还的再循环模式。混合使用模式能更灵活地将环境税收入用于各种目的，更有利于发挥环境税的多重功能。

# 第二节　环境保护税的功能与专款专用原则

有关环境税税收收入适用的专款专用原则学者们存在争议。有学者认为实行专款专用原则将导致资源配置的低效率。且从长远来看,随着环境税的推行和环保功能、刺激功能显现,环境问题得到缓解,环境税的收入就会减少。而支持适用专款专用原则的学者认为该原则有利于环境税环保功能的实现,集中力量办大事,集中使用环境税税收收入见效快,效果明显,既有利于尽快治理环境污染问题,又能增强人们对环境税推行的信心。环境税的概念被提出就是为了解决环境问题,它的主要功能也在于环保,所以将其收入专门用于环保事业是确保其功能实现的有力保障。

## 一、环境保护税环保功能与专款专用原则

我国现行《环境保护税法》规定的环境保护税属于一种狭义的环境税,实质是一种排污征税或者污染税。针对排污行为或污染物征税的目的主要在于环境保护的考量。环境污染是一个公共性问题,仅凭市场这只"无形的手"并不能有效解决,我们更多的是期待借助政府这只"有形的手"来提供优质的公共环境产品和服务。[①] 但是,环境污染通常是污染者为追逐私利,进行生产经营等一系列活动产生的"副产品"。如果国家使用公共财政

———————————

① 刘佳奇:《环境保护税收入用途的法治之辩》,《法学评论》2018 年第 1 期。

资金来进行污染治理和控制,可能会引发纳税人的不满,毕竟这部分公共收入全部来自广大纳税人贡献的税收。用全体纳税人的税收去治理个别污染者造成的环境污染显然有悖于社会公平,可能会纵容污染者放任污染行为及其污染成本的社会转嫁。相比之下,环境保护税收入专款专用更符合"污染者付费"这一立法原则,同时可以有效衡量污染者因治理环境污染而承担的社会矫正成本,实现其环保功能的合法性。虽然环境保护税是对此前排污费的制度平移,但环境保护税收入专款专用也是符合我国"费改税"治理环境污染的现实需求的,相比排污费,环境保护税通过税收的强制性、规范性以及相关政策的诱导性,增加环境污染者的负担,如果对其收入纳入一般统筹使用,环境保护税的收入能否用于矫正环境污染负外部性将存疑,将难以保障环保功能的合法性。此外,由于法律能够从制度层面稳定行为人,在政府与纳税人的这场税收博弈中,政府是处于相对优势地位的,如果政府的用税行为符合纳税人的稳定预期,那么二者之间互动会更加理性。环境污染属于公共问题,如果环境保护税实现了专款专用,成为了一种实质意义上的专款专用税,国家依据相应的预算方式,将征收到的税款用于提供公众所预期的环境公共产品或服务,能够有效引导公众的环境行为,更能在政府和排污者间形成良性互动关系,以达成其环境保护的目的。

环境保护税在整体功效上是对排污费的替代和强化,以专款专用为原则明确环境保护税收入的使用,是对排污费的环保功能的有效替代和强化。因为环境保护税的这部分收入全部划分地方后,地方政府可以专款用于治理本地区的环境、建设生态保护项目及环保功能设施建设,如此环境保护税的环境保护功能就能得到进一步强化。

## 二、环境保护税财政收入功能与专款专用原则

　　与环境税相关税种的收入已成为我国财政的重要收入来源,城镇建设维护税、城镇土地使用税、消费税的收入规模均逐年扩大,其中消费税在国家税收收入中历年占比都在 7% 以上。在我国环境税体系中,财政收入功能愈发凸显,并且更为重要的是环境税财政收入功能的价值取决于如何使用。但是环境税是存在异化风险的,这些风险会诱发合法性危机。一方面环境税收入如果纳入一般财政统筹使用,可能会引发政府以征税为名实则不当增加财政收入的行为;另一方面如果地方政府将环境税作为政府收入的主要来源,随着环境税纳税人不断调整自身的行为,减少纳税,环境税收入的稳定性会下降。

　　基于上述因素考量,应该审慎对待环境保护税的财政收入功能。我国环境保护税的税种设计,是按照"税负平移的原则"实施"费改税",总体税率设置较低、税收收入不高,凭借征收环保税增加政府财政收入显然不是其目的。而环境保护税收入专款专用可以有效保障环保资金,这与《环境保护税法》对环境保护税制度的目的定位更加契合。通过法律制度对环境保护税收入使用进行明确规定,实现实质意义上的依法征税,也可以有效避免环境保护税收入功能产生变异。我国预算法规定:"政府的全部收入和支出都应当纳入预算。"①仅就这项规定而言,环境保护税收入专款专用似乎与预算法相违背。但是,环境保护税的

---

① 《预算法》第四条:预算由预算收入和预算支出组成。政府的全部收入和支出都应当纳入预算。

前身排污费,对其收入使用是这样规定的,"排污费必须纳入财政预算,列入环境保护专享资金进行管理"。① 可以说,排污费在这一点上做法是非常"高明"的,既符合预算法制的基本要求,又实现了排污费收入专款专用。这也给了我们一点启示,那就是虽然环境保护税收入必须纳入一般财政公共预算,但并不意味着其收入就必须不加以区分地统筹使用。根据《预算法》第 27条第 2 款的规定:"一般公共预算支出按照其功能分类,包括一般公共服务支出,外交、公共安全、国防支出,农业、环境保护支出,教育、科技、文化、卫生、体育支出,社会保障及就业支出和其他支出。"这表明,环境保护支出纳入一般公共预算支出范畴是有法律依据的,环境保护税收入依法经一般公共预算向环境保护这一特定领域进行分配是有法律支持的。

　　此外,据预算法有关规定,"各级一般公共预算支出的编制应当统筹兼顾,在保证基本公共服务合理需要的前提下,优先安排国家确定的重点支出"。近年来,我国在环境保护方面的支出一直保持只增不减的态势,环境保护已然是我国财政预算中优先安排的重点领域,并且《环境保护法》第八条规定:"各级人民政府应当加大保护和改善环境、防治污染和其他公害的财政收入,提高财政资金的使用效益"。可以说,以原则性的法律规定明确环境保护税的收入专用于一般公共预算支出中专项环境保护支出,不仅不违背预算法治,反而能够更好地彰显《预算法》"统筹兼顾、突出重点"的基本原则,从而保障环境保护税财政收

① 《排污费资金收缴使用管理办法》第十条:商业银行应当在受到排污费的当日将排污费资金缴入国库。国库部门负责按 1∶9 的比例,10%作为中央预算收入缴入中央国库,作为中央环境保护专享资金管理;90%作为地方预算收入,缴入地方国库,作为地方环境保护专享资金管理。

入功能。

## 第三节　落实环境保护税收入专款专用原则的路径

专款专用是环境税收入使用的一项重要原则,在许多先行开征环境税的国家,都已经在环境税收入的使用中确立这一原则,将环境税所筹得的收入专款专用于环境保护项目或是补充养老保险基金等社会福利项目。专款专用方式的优势主要在于能够最大限度促进环境保护,如用于改善社会福利则可以获得更多纳税主体的支持,同时使用方式公开透明便于公众监督。我国《环境保护税法》对环境保护税收入用途并没有规定,但实则暗含将环境保护税收入统筹使用的立法态度,不过这也给我们建立环境保护税专款专用制度预留了一定的立法空间。具体而言,我国环境保护税专款专用原则的落实可以从三个方面展开:第一,在今后的《环境保护税法》修改以及配套法规或规章的制定过程中,通过相应的立法对环境保护税收入专款专用进行明确规定;第二,完善环境保护税收入专项支出预算制度;第三,建立环境保护税收入专项资金管理机制。

### 一、环境保护税收入专款专用的立法安排

#### (一)明确环境保护税收入纳入公共预算专门使用

在后续进行法律修改或制定配套法规的时候,应该设立环境保护税收入纳入一般财政预算专门使用的原则性条款。环境保护税收入应当继续沿用此前排污费收支两条线路径,先依法

纳入财政预算再进行分配。虽然环境保护税收入纳入一般财政公共预算,但这并不意味着其收入就必须统筹使用,依据《预算法》各级一般公共预算支出的开支可以优先安排国家确定的重点支出,而环境保护投入更应该被视为我国公共财政支出的一项重点工作,这样其收入专款专用的合法性就得到了证成。光有原则性法律条款还不够,还应设立相应的禁止性条款,树立环境保护税收入专款专用的法律红线,明确规定任何单位和个人不得截留、挤占或者挪用环境保护税税款,县级以上人民政府财政部门应严格执行环境保护税收入使用的监督和管理,同时审计机关应配合做好环境保护税收入使用的审计监督工作。

### (二) 明确环境保护税收入专款专用的具体内容

此前排污费的收入使用规定是用于环境保护事项,但实践中经常会出现将排污费通过财政返还用于环保部门的"补贴"和"福利"等违规操作。因此,仅仅规定纳入一般公共预算是不够的,这并不能排除环保部门将环保税收入挪作他用的可能性。因此有必要设立义务性条款,明确环保税收入只能用于环境污染的治理或提高环境质量,坚决不能充作环保部门的行政经费或执法经费。环境污染只是环境问题的一种表现形式,环保税收入如果仅仅用于环境污染的治理,未免过于单一,可以将考虑其用作社会整体环境质量的提升,这样也可以为日后环境保护税征税范围增加实施收入专款专用预留必要的立法空间,我们可以在法律条文中对环境保护税收入的具体用途进行这样规定:环境保护税收入应当用作设立环境保护专项基金;环保技术、设备、产品的研发更新;重点污染区域污染防治和生态修复;以及其他用来改善环境质量的相关事项等等。

## 二、完善环境保护税收入专项支出预算制度

地方政府在进行环境保护税收入支出预算时,应严格遵循民主、公开、效益等原则,对预算支出行为进行严格规范,让每一笔环境保护税的支出都在《预算法》的严格约束下进行,同时还应拓宽环境保护税预算的公众参与渠道,激发公众的参与热情。第一,充分发挥地方人大在环境保护税收入专项管理中的建设作用。有必要从《预算法》的高度赋予省内各级人大以预算修正权和否决权[1],通过对环境保护税的预算支出的合理性进行审查,确保环境保护税的税款收入将专用于地方环境的治理。在事前审批环节,地方人大代表如果发现该预算草案有明显违背专款专用原则的,应及时提出质疑并由预算编制部门相关负责人做出解释,如果确实存在违反《预算法》规定的情形,地方人大及其常委会可以依法行使预算调整权或否决权。事中预算调整监督时,政府部门的预算调整权应当严格限制使用,谨防地方政府通过跨科目、跨级次的预算资金调剂肆意更改环境保护税的支出目的,因为这会造成环境保护税支出规模的缩减。在事后绩效监督阶段,应建立环境保护税的支出绩效监督机制,保障环境保护税收入的每一项支出都用于环境保护,最大限度发挥其环境保护功能。第二,建立环境保护税收支绩效预算机制。环境保护税收入支出的预算管理,应当遵循支出本位原则,形成环境保护税支出效益评价体系,这一体系的标准应兼顾环境保护

---

[1] 侯卓:《论环保税专项支出的地方预算法治改进》,《中国地质大学学报(社会科学版)》2019 年 1 月。

技术标准和社会公意评价标准,并且绩效管理要符合《环境保护税法》收入准则和《预算法》支出准则,只有这样的绩效预算机制才是正当且有效的。第三,全面推进政府部门有关环境保护预算的公开。在环境保护税的实施过程中,地方政府应严格依照《预算法》的规定,要求各级环保部门主动、及时、高效地公开环保税支出的相关预算信息,以接受社会监督,如有政府部门不依法进行公开,应依据相关法律法规的规定对有关责任主体进行政治问责或法律追责。

## 三、建立环境保护税收入专项资金管理机制

我国环境保护税收入归属地方,相应地环境保护税收入专项资金的管理也应该立足于地方政府。首先,对省级为主的各类环境保护专项资金进行系统整合,提高环境保护部门和有关财政部门的协作水平,形成高效协作的环境保护专项资金管理模式。其次,分类设立省级环境保护专项基金,比如污染治理专项基金、生态保护专项基金等,以提高政府在环境保护有关事项的参与度。环境保护税是对此前排污费的全面替代,那么其收入也理应成为治理环境污染的重要来源,对环境保护税的收入进行分类划分至各项环保资金,便于适应日后环境保护税内涵不断丰富的发展需要。至于环保专项基金的运作模式则可以采用企业运作模式,通过明确环保资金使用的范围和方式,形成稳定的资金来源渠道,从而使得环境保护这一领域的政府财政支出发挥出最大的环境保护效应。同时,考虑到环境保护专项基金大多采用项目申请制,还应加强对环境保护专项基金的管理。最后,应该对环境保护税收入的预算支出过程进行法律规制,仅

仅对支出模式进行规定是远远不够的。环境保护税专项预算应充分利用好一般财政公共预算体系中与节能环保有关的公共支出科目,通过这些科目进行环境保护税专项预算支出安排时,应区别于一般税收的预算支出逻辑,所有的环境保护税收入都应用于环境保护有关事项的支出,并原原本本地反映在各级政府预算文本中,以便更好地契合环境保护税的征收目的。环境保护税预算支出法律制度的设计应贯穿节能环保支出过程的始终,遵循民主、规范、公开等原则,构建环境保护预算支出的监督与问责机制,实现对环境保护税收入的预算支出全过程的监督。

专款专用原则的适用在我国环境保护税开征的初期是必要的,它能充分体现、保障环境保护税的环保功能,平衡各方利益,提高环境保护税的社会可接受性。但是从本质上看,专款专用原则也包含了政府对市场资源配置的干预,可能导致环境保护税收入分配的固定化,在一定程度上有可能会影响环境保护税配置的效率。因此,建立以专款专用原则为主,同时结合其他收入使用方式,如公共财政一般预算、税收返回,是我国环境保护税收入使用制度完善的更优选择。

# 结　语

　　我国《环境保护税法》的出台和实施迈出了中国绿色税制构建的重要一步。环境税在我国能否真正发挥它的环保功能，既有赖于税制设计的科学合理，也取决于税收征管的高效推行。要发挥环境保护税的各项功能，就要结合我国的国情，逐步拓宽环境保护税的征收范围，适时推出新的环保税种，适当提高环保税税率。税务部门和环保部门要密切合作，搭建信息共享和交换的平台，提高环境保护税的征管效率。通过加强宣传教育，提高纳税人的环保意识和纳税意识，才能真正将我国环境保护税的功能发挥好，降低其被异化、滥用的风险。作为学习和研究财税法的法学教学科研人员，我们也责无旁贷，不断更新知识，不断思考，大胆提出理论设想，并谨慎地思辨、论证。

# 参考文献

---

## 一、翻译著作

1. ［英］亚当·斯密：《国富论》，郭大力、王亚南译，商务印书馆，1972 年版。
2. OECD 编：《税收与环境：互补性政策》，张山岭、刘亚明译，中国环境科学出版社，1996 年版。
3. OECD 编：《环境税的实施战略》，张世秋等译，中国环境科学出版社，1996 年版。
4. ［美］斯蒂格利茨：《经济学》，郭晓惠等译，中国人民大学出版社，1997 年版。
5. 威廉·配第：《赋税论》，商务印书馆，1997 年版。
6. 欧洲环境局：《环境税的实施和效果》，刘亚明译，中国环境科学出版社，2000 年版。
7. 阿瑟·塞西尔·庇古：《福利经济学》，金镝译，华夏出版社，2007 年版。

## 二、中文著作

1. 计金标：生态税收论，北京：中国税务出版社，2000 年版。
2. 武亚军，宣晓伟：环境税经济理论及对中国的应用分析，北京：经济科学出版社，2002 年版。
3. 吕忠梅：超越与保守———可持续发展视野下的环境法创新，北京：法律出版社，2003 年版。
4. 刘剑文：税收征管法，武汉：武汉大学出版社，2003 年版。
5. 黄俊杰：税捐正义，北京：北京大学出版社，2004 年版。

6. 徐孟洲：税法学，北京：中国人民大学出版社，2005 年版。
7. 饶立新：绿色税收理论与应用框架研究，北京：中国税务出版社，2006 年版。
8. 王金南等：环境税收政策及其实施战略，北京：中国环境科学出版社，2006 年版。
9. 葛察忠：环境税收与公共财政，北京：中国环境科学出版社，2006 年版。
10. 吕忠梅：环境法原理，上海：复旦大学出版社，2007 年版。
11. 杜放，于海峰：生态税循环经济可持续发展，北京：中国财政经济出版社，2007 年版。
12. 李慧玲：环境税费法律制度研究，北京：中国法制出版社，2007 年版。
13. 史际春，邓峰：经济法总论，北京：法律出版社，2008 年版。
14. 高萍：中国环境税制研究，北京：中国税务出版社，2010 年版。
15. 金国坤：行政权限冲突解决机制研究—部门协调的法制化路径探寻，北京：北京大学出版社，2010 年版。
16. 李传轩：中国环境税法律制度之构建研究，北京：法律出版社，2011 年版。
17. 李传志：税收征管博弈与激励机制研究，北京：经济科学出版社，2013 年版。
18. 朱厚玉：我国环境税费的经济影响及改革研究，北京：人民出版社，2014 年版。
19. 杨兴凯：政府部门间信息共享模式与决策办法，北京：科学出版社，2014 年版。
20. 杨解君：面向低碳未来的中国环境法制研究，上海：复旦大学出版社，2014 年版。
21. 邓保生：环境税开征立法问题研究，北京：中国税务出版社，2014 年版。
22. 张守文：财税法学，北京：中国人民大学出版社，2014 年版。
23. 吕忠梅：环境法导论，北京：北京大学出版社，2015 年版。
24. 张宏翔：环境税理论和实践：基于西方先进国家的成功经验分析，北京：科学出版社，2015 年版。
25. 刘剑文，侯卓，耿颖等：财税法总论，北京：北京大学出版社，2016 年版。
26. 郭红欣：环境风险法律规制研究，北京：北京大学出版社，2016 年版。
27. 叶金育：税法整体化研究——一个法际整合的视角，北京：北京大学出版社，2016 年版。
28. 刘剑文，熊伟：财政税收法，北京：法律出版社，2017 年版。
29. 韩培德：环境保护法教程，北京：法律出版社，2018 年版。
30. 王慧：环境税合法性研究，北京：法律出版社，2018 年版。

31. 丁国民：环境税法教程,厦门：厦门大学出版社,2018 年版。

32. 葛察忠,龙凤,杨琦佳,李晓琼等：环境保护税研究,北京：中国环境出版集团,2018 年版。

33. 叶金育：环境税整体化研究,北京：法律出版社,2018 年版。

34. 王慧：环境税合法性研究。北京：法律出版社,2018 年版。

35. 冯玉军：新编法经济学原理、图解、案例,北京：法律出版社,2018 年版。

36. 罗宏,陈煌,杨占红等：环境保护税与中国实践。北京：中国环境出版集团,2019 年版。

37. 葛察忠,龙凤,董战峰等：中国环境税收政策发展报告。北京：中国环境出版集团,2019 年版。


三、中文期刊论文

1. 徐孟洲,谭柏平,谢增毅：中国环境税立法问题的几点思考,北京市政法管理干部学院学报,2001(3)。

2. 张世秋,贺太羽燕,曹静：环境政策创新：论在中国开征环境税收,北京大学学报(自然科学版),2001(4)。

3. 候作前：经济全球化 WTO 规则与中国环境税之构建,政法论丛,2003(3)。

4. 曹明德,王京星：我国环境税收制度的价值定位与改革方向,法学评论,2006(1)。

5. 徐祥民,王郁：环境税：循环经济的重要手段,法治论丛,2006(4)。

6. 丛中笑：环境税论略,当代法学,2006(6)。

7. 张怡,李明朝：论环境法律制度,载李昌麒主编：经济法论坛(第 4 卷),群众出版社,2007 年版。

8. 刘红梅等：环境税双重红利研究述评,税务研究,2007(7)。

9. 金国坤：行政协作法律机制研究,河北法学,2008(1)。

10. 陈欣：环境税税权划分的博弈分析,河南工程学院学报,2010(1)。

11. 李传轩：创新与融合：我国环境税法律制度构建的基本思路分析,江苏社会科学,2010(2)。

12. 王慧：环境税如何实践？——环境税类型、功能和结构的考察,甘肃政法学院学报,2010(5)。

13. 李传轩：环境税收入使用法律制度研究,当代法学,2011(1)。

14. 苏明：中国环境税改革问题研究,财政研究,2011(2)。

15. 何锦前：环境税与环保制度的矛盾与化解—以行政部门为视角,石河子大学学报(哲学社会科学版),2012(4)。

16. 李建勋：中国环境税法律制度：路径依赖与制度选择,理论月刊,2012(9)。

17. 田淑英,许文立：我国环境税的收入归属选择,财政研究,2012(12)。

18. 赵丽萍：强化环境保护功能的消费税改革路径选择,论坛,2013(10)。

19. 张守文：税收法治当以"法定"为先,环球法律评论,2014(1)。

20. 王树义：论生态文明建设与环境司法改革,中国法学,2014(3)。

21. 刘剑文：经济转型视野下财税法之定位与形塑,法学论坛,2014(4)。

22. 尹磊：环境税制度构建的理论依据与政策取向,税务研究,2014(6)。

23. 马中等：论环境保护税的立法思想,税务研究,2014(7)。

24. 计金标,刘建梅：公平视角下环境保护税若干问题探析,税务研究,2014(7)。

25. 熊伟：环境财政、法制创新与生态文明建设,法学论坛,2014(69)。

26. 王霞：宏观调控型税收视野下的环境税探析,湖南科技大学学报,2014(76)。

27. 马海涛,李升：纵向税权配置的改革建议及评估：基于现状的思考,河北大学学报,2015(6)。

28. 靳文辉：税法的社会可接受性论纲,甘肃政法学院学报,2015(6)。

29. 朱春奎,毛万磊：议事协调机构、部际联席会议和部门协议：中国政府部门横向协调机制研究,行政论坛,2015(6)。

30. 隋大鹏,冯国滨,陆静波：如何加强涉税信息共建共享,税务研究,2015(10)。

31. 吴健：从排污费到环境保护税的制度红利思考,环境保护,2015(16)。

32. 施正文,叶莉娜：环境保护税法(征求意见稿)若干重要立法问题探讨,环境保护,2015(16)。

33. 葛察忠,李晓琼,王金南等：环境保护税：环境税费改革的积极进展与建议,环境保护,2015(20)。

34. 叶姗：环境保护税法设计中的利益衡量,厦门大学学报,2016(3)。

35. 何锦前：论环境税法的功能定位——基于对"零税收论"的反思,现代法学,2016(7)。

36. 刘隆亨,翟帅：论我国以环保税法为主体的绿色税制体系建设,法学杂志,2016(7)。

37. 冯铁栓：重构环境税法建制原则——对污染者付费原则的反思与突破,太原理工大学学报,2016(8)。

38. 何锦前：价值视域下的环境税立法,法学,2016(8)。

39. 陈斌,邓力平：对我国环境保护税立法的五点认识,税务研究,2016(9)。

40. 王有兴,杨晓妹,周全林：环境保护税税率与地区浮动标准设计研究,当代财经,2016(11)。

41. 樊京虎,王艳红:关于开征环境保护税的征管思考,现代国企研究,2016
　　(18)。

42. 付慧姝:我国环境保护税立法应关注的几个问题——以社会可接受性为视
　　角,法学论坛,2017(1)。

43. 赵忠龙:环境税收的产业功能与规制效应分析,暨南学报(哲学社会科学
　　版),2017(1)。

44. 吴凌畅:财税法视野下环境保护税法的意义及其局限性,税收天地,2017
　　(2)。

45. 陈红彦:《环境保护税法》征税范围之检视,聚焦"绿色税法"开启协同征管
　　新模式,2017(2)。

46. 张守文:我国环境税立法的"三维"审视,当代法学,2017(3)。

47. 吴健,陈青:环境保护税:中国税制绿色化的新进程,环境保护,2017(21)。

48. 褚睿刚:环境保护税立法目的选择刍议——兼论《环境保护税法》,中国石
　　油大学学报(社会科学版),2017,33(3)。

49. 刘佳奇:环境保护税收入用途的法治之辩,法学评论,2018(1)。

50. 王旭升:我国环境保护税收益权的纵向分配进路,税务与经济,2018(1)。

51. 陈斌,邓力平:环境保护税征管机制:新时代税收征管现代化的视角,税务
　　研究,2018(2)。

52. 胡学龙,杨倩:我国环境保护税制度改进及征收管理研究,税务研究,2018
　　(2)。

53. 褚睿刚:环境相关税的法际联动与位阶划分——以领域法学的"环境问题"
　　为中心,大连理工大学学报(社会科学版),2018(3)。

54. 戴芳,胡娇:论我国环境保护税征管措施的优化,税收经济研究,2018(4)。

55. 刘佳奇:环境保护税收入用途的法治之辩,法学评论,2018(4)。

56. 吴仕清,陈惠娟:联合征管模式下环境税税收救济的不足与完善,河北工业
　　大学学报(社会科学版),2018(6)。

57. 高秦伟:机构改革中的协同原则及其实现,福建行政学院学报,2018(6)。

58. 刘佳慧,黄文芳:国外环保税收制度比较及对中国的启示,环境保护,2018
　　(8)。

59. 何玮:环保税征管模式:部门协作难题与解决对策,中国总会计师,2018
　　(11)。

60. 王鲁宁,巫晓慧,王乾:环境保护税征管"协作共治"的思考,国际税收,2018
　　(12)。

61. 朱小会,陆远权:美国与欧盟环境保护财税政策经验及启示,环境保护,
　　2018(14)。

62. 候卓：论环保税专项支出的地方预算法治改进,中国地质大学学报(社会科学版),2019(1)。

63. 高萍：环境保护税实施情况分析及完善建议,税务研究,2019(1)。

64. 王自荣,王明世,叶美萍：医院污水排放《环境保护税法》适用问题探讨,税务研究,2019(3)。

65. 吕凌燕,曹勐菲：协作视角下税收征管制度改革——以环境保护税为例,中国地质大学学报(社会科学版),2019(6)。

66. 陈阵：环境保护税征管中存在的问题及对策研究,税务研究,2019(6)。

67. 崔静：环境保护税和水资源税实施中存在的问题及建议,中国税务,2019(6)。

68. 符裔,贺鹏皓,江燕：个人所得税综合计征制下的涉税信息共享体系构建,税务研究,2019(10)。

69. 刘田原：环境保护税征管：现实困境、域外经验及完善进路,地方财政研究,2019(12)。

70. 何锦前：生态文明视域下的环境税收法治省思——从平移路径到并行路径,法学杂志,2020,41(3)。

71. 丁日佳,丁文均：基于制度分析与发展框架的环境保护税多元协同治理研究,税务研究,2020(7)。

72. 刘田原：环境税的税收优惠政策解析,税务与经济,2020(5)。

73. 彭程：论环境保护税法中规制诱导规范的优化,税务与经济,2020(6)。

74. 王齐齐：国内环境税研究回顾及展望(1998～2019 年)——基于 CiteSpace 的可视化分析,林业经济,2020,42(7)。

75. 秦鹏等：论环境税纵向利益冲突的法律调适——基于博弈论思维框架下的研究,长白学刊,2020(6)。

76. 魏思超等：中国高质量发展阶段最优环境保护税率研究,中国人口・环境与资源,2020(1)。

77. 王霞等：环保税征管行政协作的困境与出路,黑龙江社会科学,2020(6)。

78. 苏日沙：税法上量益课税原则的证成与适用,税务与经济,2020(6)。

79. 林星阳：环境税视野下税收中性原则的协调路径,北京理工大学学报(社会科学版),2021,23(2)。

80. 刘田原：环境税涉税信息共享机制探析,地方财政研究,2021(2)。

81. 黄素梅等：试析我国环境保护税征管中的难题与对策,税务研究,2021(2)。

**四、外文文献**

1. Peter H. J. Essers, Paul A. Flutsch and Manon A. Ultee et:

*Environmental Policy and Direct Taxation in Europe*, Published by Kluwer Law International Ltd. , 2000.

2. Michael Faure, Stefan Ubachs: Comparative Benefit and Opatimal Use of Environmental Taxes, Critical Issues in Environmental Taxation: International and Comparative Perspectives, Volume I , Published by Richmond Law & Tax Ltd. , 2002.

3. Hope Ashiabor, Kurt Deketelaere, Larry Kreiser and Janet Milne, ed: Critical Issues in Environmental Taxation: International and Comparative Perspectives, Volume I, Published by Richmond Law & Tax Ltd. , 2002.

4. OECD: *The Political Economy of Environmental Related Taxes*, OECD Publications, 2006.

5. Johan Albrecht, *The Use of Consumption Taxes to Re-launch Green Tax Reforms*, *International Review of Law and Economics*, March, 2006.

### 五、法律文件

1.《中华人民共和国环境保护税法》
2.《中华人民共和国环境保护税法实施条例》
3. 财政局、税务总局、环境保护部《关于全面做好环境保护税法实施准备工作的通知》
4. 国务院《关于环境保护税收入归属问题的通知》

**图书在版编目(CIP)数据**

环境税功能异化与中国环境保护税立法研究/付慧姝著.—
上海:上海三联书店,2022.12
ISBN 978－7－5426－8004－4

Ⅰ.①环…　Ⅱ.①付…　Ⅲ.①环境税－立法－研究－中国
Ⅳ.①D922.229.4

中国国家版本馆 CIP 数据核字(2023)第 002053 号

# 环境税功能异化与中国环境保护税立法研究

著　者 / 付慧姝

责任编辑 / 郑秀艳
装帧设计 / 徐　徐
监　制 / 姚　军
责任校对 / 王凌霄

出版发行 / 上海三联书店
　　　　　(200030)中国上海市漕溪北路 331 号 A 座 6 楼
邮　箱 / sdxsanlian@sina.com
邮购电话 / 021－22895540
印　刷 / 上海惠敦印务科技有限公司

版　次 / 2022 年 12 月第 1 版
印　次 / 2022 年 12 月第 1 次印刷
开　本 / 890 mm×1240 mm　1/32
字　数 / 180 千字
印　张 / 6.125
书　号 / ISBN 978－7－5426－8004－4/D·567
定　价 / 48.00 元

敬启读者,如发现本书有印装质量问题,请与印刷厂联系 021－63779028